清华往事
第2版

侯宇燕 著

清华大学出版社
北京

图书在版编目(CIP)数据

清华往事 / 侯宇燕著. —2版. —北京：清华大学出版社，2020.6
ISBN 978-7-302-54422-7

Ⅰ．①清… Ⅱ．①侯… Ⅲ．①清华大学 – 校史 Ⅳ．①G649.281

中国版本图书馆CIP数据核字(2019)第264000号

责任编辑：周　菁
装帧设计：傅瑞学
责任校对：王凤芝
责任印制：宋　林

出版发行：清华大学出版社
　　　　　网　　址：http://www.tup.com.cn, http://www.wqbook.com
　　　　　地　　址：北京清华大学学研大厦A座　　邮　　编：100084
　　　　　社 总 机：010-62770175　　　　　　　　邮　　购：010-62786544
　　　　　投稿与读者服务：010-62776969, c-service@tup.tsinghua.edu.cn
　　　　　质量反馈：010-62772015, zhiliang@tup.tsinghua.edu.cn
印 装 者：小森印刷（北京）有限公司
经　　销：全国新华书店
开　　本：148mmx200mm　　印　　张：5.25　　字　　数：112千字
版　　次：2006年6月第1版　　2020年8月第2版　　印　　次：2020年8月第1次印刷
定　　价：48.00元

产品编号：084048-01

荷 清 路

中关村北大街

清华南路

成 府 路

西北门

化学馆

平斋

普斋

清真食堂 清风潇影超市

2号楼

长廊

3号楼 4号楼

听涛园 15号楼

清芬园(沐斋饮膳居)

至善路

图书馆北馆

物业管理中心

若环境楼

学生职业发展指导中心

清华园

化学馆

明斋

新斋

手球场/篮球场

新水利馆

北院

校园委广播台

环境工程实验楼

人文社科图书馆

校园委广播台

体育馆

西大操场

图书馆

图书馆

出土文献与保护中心

气象台

生命科学馆

学生活动中心

灰楼

水木清华

西阶教室

大礼堂

资中筠数藏楼纪念馆

第五教室楼

生物馆

近春园

工会俱乐部

古月堂

科学馆丙所

校友总会 教育基金会

同方部 勤业水斋

文南楼

第四教室楼

毛主席像

校医院

楼桥服务中心

近春园宾馆

近春园

工字厅

教务处

旧水利馆

旧土木馆

研究生招生办公室

保卫部派出所

文南楼

动力机械与工程研究所

首钢楼

西院

绿园

西湖游泳池

静斋

甲所

同调园

成志学校

校门

研究生招生

机械工程馆

纪念品服务部

南院

一区

清华园旧厂

社区服务中心

经及

西46楼 西41楼 西1楼 西2楼

西45楼 西42楼 17公寓 15公寓

西47楼 西43楼 18公寓 16公寓

西44楼 19公寓 西8楼

西9楼 西10楼 西11楼

西12楼 西13楼

西区商店

清华路

中1楼 中2楼

中3楼 中4楼

中5楼 中6楼

服务楼

邮局

工商银行 照澜院商业区

建设银行 新店

北京银行 南门餐厅

人事处办事大厅

南院

东1楼 东6楼 东11楼

东2楼 东7楼 东13楼

东3楼 东8楼 东15楼

东4楼 东9楼 东16楼

东5楼

法研

2公寓 1公寓

教工活动中心

3公寓

4公寓

5公寓 专家公寓

6公寓 7公寓

寓园餐厅

9公寓 西南20

10公寓 西南19

11公寓 西南18

12公寓 西南17

西南16

西南15

胜因院

老年活动中心离退休处

南10楼

南9楼

南8楼

新林楼

蓝旗营院

幼儿园

南7楼

南6楼

南5楼

老年活动中心(南楼)澜房便利店

清华南路

西南6

西南5

西南4

西南3

西南11

西南10

西南9

西南8 西南14

西南7 西南13

西南12

十四所

附小操场

清华附小

家属餐厅

晋吉1号楼

12号楼

南园餐厅

南13楼 南4楼

南3楼

南12楼 南2楼

南11楼 南1楼

南0楼

普吉院

9号楼 6号楼

11号楼

南门

中关村北大街

西门

目录

清华大学"水木清华"

拼接旧时的人文地图

清华往事，依稀物我。清华的历史资料何其丰富，笔者无能一一涉猎与展示，而只能按照本书的写作视角，来搜寻、探求那些更能触及清华灵魂的人与物，力图使读者多看到一些老清华民间生活的"潜历史"。

本书是一张以1949年为界的、老清华园的人文地图。雪泥鸿爪，似花非花。这是一张清华园旧时的人文地图。在亲历者胸中，它自会形成丘壑，仿佛记忆里永不褪色的一景一花都有条不紊地重列在这张心灵的大地图上，不断地进行变幻演绎。而那些在淡紫色历史烟云中渐行渐远的背影们，就是这地图中如幻如电的棋子。

这并不是单纯的怀旧，而更像是一次寻宝游戏，在那些华蔓丛生的老建筑、旧宅院中考稽风云际会的茫茫大历史中个人生活的审美细节。今天，人们对著名高等学府的关注与日俱增，坊间有关清华的书也层出不穷。本书所致力的，还是用人文化的探索途径，从点滴不为人知的历史与生活细节入手，以图文并茂的形式，还原一张并不一定面面俱到，却具有老清华灵魂独特气息的人文地图。是的，清华的历史资料何其丰富。

人所共知，厚德载物的清华园有着宁静而朦胧的美。夏鼐先生评价云："30年代初的清华园，是《早春二月》中的芙蓉镇，一座'世外桃源'。校园中的古月堂，据住在这里的诗人吴雨僧(宓)教授说，便是大观园中的怡红院，虽然红学专家们都不同意这说法。校园小桥流水，绿树成荫。绿荫中露出矗于小丘上的白色气象台，背衬着蔚蓝的天空。"

据考古学家李济先生之子李光谟记述，李济先生在他自己的回忆作品中写到，柏特隆·罗素在1920年代访问中国后，曾发表了一篇对清华的印象文字，他说："到了清华园，一个英国访客就感到仿佛在美国一样，周围均可触及一些在这古老国度碰不到或极少见的习惯和现象，如：清洁、整齐、讲求效率、遵守时刻，等等；这个学校的校长，也就像一位美国中小城镇里的镇长一样。"

李济先生认为这位哲学家的意见是很公平的。李济说，这并不等于默认中国人原有的习惯及环境都和"整齐""清洁""效率""次序"联系不到一块儿；但中国是泱泱大国，有种种不同的风俗习惯，远在秦汉的大一统之前，已有"越人安越，楚人安楚，君子安雅"之说，而秦汉大一统实指政权而言，本不及所有风俗习惯。

"周虽旧邦，其命维新"（冯友兰先生语）。清华由特殊历史

1932年清华大学校务会议
左起：叶企孙、陈岱孙、冯友兰、梅贻琦、杨公兆、张子高

时期的留美预备学校发展而来，在积贫积弱的屈辱时代，它确实汲取了现代西方文明的大量精华，为这所昔日的皇家园林增添了自由民主、科学启蒙的活力；但它毕竟更是一所扎根中国大地，肩负着培养人才使命的优秀高等学府，因此又与中华民族的变革命运紧密相连。事实上，老清华的师生对清华的人文建设有许多真知灼见。1925年施滉在《清华周刊》351期上，就结合这所尚未改制的学校的历史，展望它在那复杂大时代的未来，发表了这样的箴言："同学渐渐的觉悟自己是中国国民，已经稍稍注意国情，虽然仍把留美当作入清华的目的，可是已经知道留美不是最终的目的了。学校方面已确定为中国造就领袖人才为清华教育的方针，并且鼓励学生研究国情。这些都是吉祥的现象，都是国家之福，我希望学校方面按

照所定的方针，脚踏实地地去做，务必要使清华人才能够应付中国环境，不可仅以造就能够应付美国社会的学生为满足。"

1928年国立清华大学成立了，标志着清华的历史进入新的阶段。冯友兰先生云："清华大学之成立，是中国人要求学术独立的反映。"自此，清华大学一日千里地前进，校长梅贻琦先生致力于具有儒家思想主张的"新民"使命，人才的培养向格物、致知、诚意、正心、修身、齐家、治国、平天下方向发展。

在1930年代，社会学家吴景超对老清华的校风进行了全面总结，好的方面有服饰俭朴、质直无饰、注重体育与学习，富于小团体的组织力、有批评学校的精神等；不足之处则是迷信分数、轻视中文、不拘小节等。

这些发表于20世纪二三十年代清华学生刊物上的文章，不但一针见血地指出老清华留美预备学校的历史特点，也陈述了它自1928年改制为国立大学后的巨大变化，并对它与中国社会紧密结合的未来作了全面展望。而老清华在这之后的发展，确实也基于这样的思路与精神。

在上世纪遥远的老清华时期，中国社会是危弱、纷乱、污浊的。而清华人在这种环境中生活、奋斗，对国家民族的贡献有目共睹。清华教育提倡的刻苦精神与厚德载物的思维方式，其影响亦相当深远。

应该说，清华精神的实质，体现了中国文化与中华文明的精髓。

1947年老清华校庆献词，有一段酣畅淋漓、情理充沛的话：

1947年4月27日，清华大学三十六年校庆，原西南联大校务委员会主席兼清华大学校长梅贻琦（左三）与北京大学校长胡适（左二）、原西南联大训导长兼昆明师范学院院长查良钊（左一）、南开大学秘书长黄钰生合影。

在熟悉清华历史和清华现状，尤其是亲身参加过清华生活的人，都会感到清华自始就被一种伟大而深刻的精神所渗透所贯串——这精神就是对国家民族的锲而不舍无往弗屈的大无畏的爱。

建筑起巍峨壮丽的清华园的，不只是意大利的花岗石，美国制造的机械与仪器，而也有中国青年的血肉之躯和中华民族的不屈的气节与求生的意志。

而从人文地理的角度探察，这种老清华精神早已自然而然地

氤氲于这所前皇家园林的每处角落里了。它是萦绕在建筑、住宅、草木间，深埋于点滴生活细节中，自觉或不自觉的文化心理结构、思想意蕴及生存方式的个性化体现，也是在对个人心灵的内观中达到的"大隐隐于市"的超然程度，还是中国传统文化"穷则独善其身，达则兼济天下"思想的一种完成方式。

是的，当青年们从古老的清华园走向生活时，清华的熏陶总会或早或晚，或隐或显地影响到他们的人生。"有德此有人"，这里有山野林间的风味、华丽壮伟的建筑，是东西文化、科学与艺术的完美交融。用庚子赔款建造的老清华提示着那段国耻的岁月，而她在1928年成为国立大学后一日千里的发展，则又是20世纪中国教育史的奇迹。

老清华僻处乡村。无歌楼，无酒馆，无琵琶巷，无新市场。有水木清华之花园，琳琅满目之图书，雄壮伟丽之建筑，幽雅恬适之住宅。会社林立，思想自由。英才辈出，鸿儒咸集。中国传统的道德准则，在这些接受了新文化的学者身上注入了新的内容。

在1937年"五四"纪念日，《清华向导》上登载了艾煌的《谈谈清华新精神——办给未来的新清华人》一文，云"清华新精神在成长中而成熟了。它不像旧精神那样的雍容华贵，但也不像新精神开得那样的轻浮。它是自由的，奔放的，但同时又是沉重的坚实的"。而这种潜藏的力量，就春风化雨地体现在这张中西新旧相融合的人文地图中了……

> 清华经历竟疑梦，梦里清华自不真。
> 旧地重游会有日，依稀物我可通神。

这首"回忆清华"的诗，是老清华政治系教授浦薛凤先生题大学第五级三十五周年纪念册时所写的。当代青年已经无缘再亲身体会那段高等学府旧日的生活。应当说，在1930年代，这一阶层学者的生活是相当优裕的，但并没有充斥奢靡浮躁的气息。这也和整个北平作为文化名城的特点相关：和谐淳厚文雅的学术气氛，大家之气、冲和之态，甚至某种率真洁白的"学生腔"。那正是许多老知识分子的壮年时代，是他们学术生涯的黄金时期，学术上最见成果的八九年。对一个真正的知识分子来说，这是比什么都重要的。

而许多上世纪的老清华子弟，在童年时就居于清华园这乱世一隅。天堂般的校园为他们的父辈，也为他们自己，提供了相对平静的黄金时期。

于是，这段平静美好的时期，成为不少老清华子弟们不可消释的校园情结。但这平静被抗战的烽火打破了，从此他们随父辈走上颠沛流离的道路，见证了后者在艰苦的生活和民族的灾难中弦歌不辍，传承文化精髓所体现出的传统知识分子"威武不能屈，贫贱不能移"的高尚节操。而抗战后，这些子弟或是未能返回清华，或是即使回去了，个人心态及整个社会的氛围也已发生了巨变。这情债是惆怅的，又是非个人的。它与民族的命运息息相关。

童年及青少年时对周围景物的特殊感觉以及这种感受对其终生造成的影响是渗入灵魂中的，如同一缕轻烟，又好似一丝馨香，而这种对当年精神生活的无限追忆与留恋酿出的淡而韵的文字，是非过来人不能写出亦不能读出的亲爱。

对心灵家园的回忆繁复细密、方位众多。因此，那飘忽的记忆深处突显的意象既独特而又具有特定的共鸣性：家园就是作家宗璞刻骨铭心的童年回忆中，工字厅前绿得无边无涯的树林；淡淡月光下，乙所洁净的小溪边起伏明灭的萤火；以及草丛中各色的野花：黄的野菊、浅紫的二月兰、淡蓝的"毋忘我"，还有那超然洒脱的，高茎白花的"毋念我"。这些能指性极强的人文意象多次出现在她的文学创作中。宗璞一系列作品中所表现出的那种特有的意境之美，正如同一缕轻烟，又好似一丝馨香，着意体会时捉摸不出，只有亲身体会过这种生活的人，才能从那似乎非常平淡的描写中领略到作家实际极其浓厚的感情，那种对童年精神生活的无限追忆与留恋。

那意象还是在军工厂服务终生的虞佩曹和著名学者王元化遥远记忆里，笔直大道两旁三四个人才能合抱的千年大树，雄伟华严。可惜不知什么时候，它们消逝于历史的烟尘。虞佩曹心中的大杨树更有一股神奇的力量，使孩子们在放学的路上会专为看它而在冬青树篱后站上一会儿。很久以后，当虞佩曹唱起那首著名的歌"I think that I can never see a poem lovely as a tree..."，总会想到它。站在庐山"三宝树"前时，她也默想："也许现在我再看见那棵大杨树，它不显得那么高大了？"但是在她心中，"它永远是一棵很高很大令人肃然起敬的清华大杨树"。

这气象非凡的大树，俨如虞佩曹心中慈爱的老父。

这意象还是其他老清华过客记忆里永远静美流淌的小河、白雪覆盖的敲钟亭、悠扬飘落的灰楼琴音、大图书馆的玻璃地板、盥洗室内金属球喷出来的清凉自来水、"我们会忠于紫与白"校歌歌颂的校花紫荆，也是"树林、小路、荷塘和那一片包括大礼堂、工字厅等处的祥云缭绕的地方"；是夹竹桃环绕的南院、西院、北院老住宅区，也是伴随抗战后清华新一代青少年共成长的，以云南地名纪念那段歌吹弦诵岁月的普吉院、胜因院⋯⋯是彩色的幽梦影，也是清芬的藤萝香。

　　本书分建筑、住宅两部分，但并非面面俱到，而是有所取舍。此外亦有区分界限不十分严格的地方，如甲、乙、丙三所应列入住宅区，但因它们靠近老清华建筑的灵魂工字厅，与校内其他住宅的地理位置相异，为了不破坏上下文气，故与工字厅同列入建筑一节了。

　　感谢宗璞、黄延复等诸位前辈对笔者给予的大量帮助。感谢清华大学出版社周菁女士及傅瑞学先生。笔者见闻未周，遗珠之憾与不当之处在所难免，敬请读者诸君不吝教正。

清华大学"藤影荷声之馆"

人文气息与公共景观

清华大学二校门

大学路上、校门

    京西湖山，颇多胜景。而清华园就位于北京西郊，海淀的东北方。1910年代，清华学堂尚为由庚款所办的留美预备学校。当时的学生、后来的著名文学家梁实秋先生回顾自己在那清冷静谧的老北京城，离开温暖的家，走向一个全新的环境——清华园的复杂心情时曾写道：

    出西直门走上一条漫长的马路，沿途有几处步兵统领衙门的"堆子"。清道夫一铲一铲地在道上洒黄土，一勺一勺地在道上泼清水，路的两旁是铺石的路，专给套马的大敞车走了。最不能忘的是路边的官柳，是真正的垂杨柳，好几丈高的丫杈古木，在春天一片鹅黄，真是柳眼挑金。更动人的时节是在秋后，柳丝飘拂到人的脸上，一阵阵的蝉噪，夕阳古道，情景幽绝。

清华大学二校门旧影

　　这就是上世纪前期老北京城西郊原汁原味的风韵。而在作家宗璞以1930年代清华大学为背景创作的小说《南渡记》中写道，"从西直门到清华园尚可坐人力车直达"，真可见当年老北京城的空阔与安闲。当然，也可以选择乘坐紫身白顶、漂亮的校车，飞驰过宫殿巍峨的燕京，通过平坦径直的道路奔赴清华。其实，直至1950年代初，到清华园的交通仍十分不便，每天早晨，赖有一趟私人开设的班车从清华二校门开到西直门，下午再从西直门开回清华，这样维持着清华与外界的联系。

　　在20世纪二三十年代，由清华进城，还有以下途径：搭火车，所费的金钱不过一角，时间不过一刻钟；坐汽车，一来一往，共费大洋一块，时间每次要费去五六十分钟。

　　文学家朱自清先生20年代初到清华时，朋友劝他八点动身，"雇洋车到西直门换车，到黄庄的时候，瞧着些屋子，以为一定是海淀了，其实还远着呢。好容易过了红桥，喇嘛庙，渐渐看见两行

清华大学二校门旧影

高柳，像穹门一般。什刹海的垂杨虽好，但没有这么多这么深。柳树前一面牌子，写着'入校车马缓行'"——朱先生心里想这才真到了，可是二校门还够远的。原来是西院门骗了他一次。

似乎到了，可是从西院门又要行六七分钟，才真到了清华园。因为1933年前的清华校门就是写有"清华园"的大门——"二校门"。

而在1930年代的学生的观察里，过桥到路口后，前边有一块路牌，上面已无文字，而滑稽地画着两个老头儿。车沿路牌向右开行，沿着路行去，才进入清华校区。这时的清华西校门已正式建成。

当时的海淀是一个萦绕着皇家气息的宁静小乡镇。海淀镇上，清华、燕京交界处的成府小巷槐树街，至今尚存于清华、北大老居民楼比邻处。文学家朱自清先生初至清华，过海淀的仁和酒店时就曾微闻茵陈酒莲花白的香气。

莲花白与成府

莲花白，它的全称是"海淀莲花白"。这是一种并不很古老的美酒。据一些老人回忆，它是由京郊玉泉山水灌溉的莲花中吊出的甘露，有白、粉红、青绿几种颜色，味极醇远。这不禁让人联想到京城西郊的皇家园林，想到幽静风雅的大学校园。

名家记忆中的莲花白

著名作家唐鲁孙（1908—1985）在其名著《中国吃》中说：夏天喝海淀莲花白、同仁堂的绿茵陈两种白酒，一白一绿，杀水湿，既过酒瘾，还带疗疾。

北平京西海淀的莲花白，是白酒里一绝。依据清华大学校长周寄梅先生说，莲花白是清末名士宝竹坡发明的……他有一天灵机一动，让中药铺照吊各种药露方法，用白酒把白莲花一齐吊出露来喝。果然吊出来的露酒，真是荷香芯芯，醴馥沉浸，能够让人神清气爽。当时一般骚人墨客，群起效尤。海淀一带，处处荷塘，由于源出玉泉，荷花特别壮硕，所以制酒更佳。晚清时代名士们诗酒雅集，也就把莲花白列入饮君子的酒谱啦。

在今天，海淀莲花白早已不见踪影，我们只能从意蕴深厚、趣味横生的回忆文字中追寻它的古雅香气。那么，在文化背景深厚的海淀，到底哪一带才是莲花白真正的知音之地呢？

上世纪初的海淀，只是一个萦绕着皇家园林气息的宁静乡镇，颐和园、圆明园都坐落于此。上世纪20年代，文学家朱自清先生初至清华，在路过海淀的仁和酒店时曾"微闻茵陈酒莲花白的香气"。从小店再过去不远，就是清华园了。

从朱先生简约的叙述中可推测，仁和酒店准确的定位应在成府。成府，顾名思义，与清华园一墙之隔，是乾隆十一子成亲王的府邸。从上世纪初开始，这一带就聚集了一个庞大的知识分子群体。成府东面紧邻清华大学，以西不远就是燕京大学。诗酒雅集，自然离不了莲花白。至今这里道路两侧仍槐树参天，给人一种遥远、宁静的印象。

而据1928年出生于成府槐树街，两个月后随父亲冯友兰先生搬入清华的作家宗璞回忆，成府的常三酒馆，在20世纪40年代是燕京清华的学生们谈心的好地方，"专营海淀莲花白，那酒有的粉红，有的青绿"。同学们还常常把酒在校园中夜饮，谈天说地。可见在那时，这种音、义皆美的酒依然是大学师生的最爱。这里面有个问题。唐鲁孙笔下的莲花白，顾名思义，是白莲花里吊出露来的，故而是白色的；而宗璞笔下的莲花白，却有粉红、青绿两种颜色，而且言之凿凿，是专营海淀莲花白的馆子里出来的。故不应把青绿色的轻易附会为唐鲁孙、朱自清笔下的绿茵陈。当然更非色素所染。那个时代这种化学染料还很不普及，况且更无必要！粉红的，或可解释为来自粉荷，而那青绿色又来自何处？莫非是花露的副产品，是用碧绿的荷叶吊出的汁液？无论事实如何，光这份清雅的想象，就够让今人神魂皆醉了。

明末张岱《陶庵梦忆》"品山堂鱼宕"有云："品山堂孤松箕踞，岸帻入水。池广三亩，莲花起岸，莲房以百以千，鲜磊可喜。新雨过，收叶上荷珠煮酒，香扑烈。"到清人沈复笔下，江南女子芸娘对荷花的利用更属巧思奇想，令人叫绝："夏月荷花初开时，晚含而晓放。芸用小纱囊撮茶叶少许，置花心。明早取出。烹天泉水泡之，香韵尤绝。"而在清末，北京以源出玉泉的荷花甚至荷叶吊出的露酒，其韵其妙亦不遑多让。甚至那制作工艺更加复杂精微，极富中国文化的轻灵气质。

这里有个细节：宗璞笔下的酒已不是来自20年前朱

自清路过的仁和小店，而是从常三小馆叫来的。由此亦可证，几十年来，莲花白早已成为海淀这一带，尤其是成府居民心底悠醇美好的意象了。

心里成府近在咫尺

今天，又到哪里去找仁和与常三酒馆，去啜饮荷香馥郁的莲花白，一抒胸中豪情，以期获得独特的精神气韵呢？

莲花白的雅致名字，它冲淡的韵味，以及围绕着这种酒、喝酒的人、喝酒之地所形成的一种独特的文化审美气息，让我们看到那个渐行渐远的时代，也看到那时代知识分子的逸事性灵。遗憾的是，我虽生在清华，但出生已晚，不但没喝过这种酒，而且在看到这些记述前，连听也没听过莲花白的名字。我的父母也不了解莲花白。看来我们都遗憾地与一份文化的感兴擦肩而过。但我还是从前人对它的回忆中找到了我的世界。

今天，"成府"这个名词的含义已被大大拓宽，它指的是"大成府"，其意义绝不仅是地理方位那么简单。矮墙早被拆除，代以高墙，两侧的古树仍旧巍然参天。不知何时，校门也移了位置。在墙南边，一条逶迤绵长的大马路"成府路"滚滚而来，东通清华，西连北大，一箭贯穿被称作"宇宙中心"的五道口。中国地质大学、中国石油大学、北京矿业大学、北京科技大学等"八大学院"都位于这条路两旁。成府路打通贯穿起的是一个极其广大的文化区域。这里的气息既古老又现代，既浓郁又旷达，既深沉又疏淡。这里成为无数人的精神园林。成府沉淀了几代知识分子的气质、情操及生活方式，它是文化古城一幅独特深沉的精神的风景画。

希望能喝到成府的莲花白。

进入校园的几条道路都是绿意沉沉的。两旁是高柳大槐，密密层层交相荫蔽，交合成圆形穹顶，抬头看不见青天，似是故意做好的棚盖。笔直的大道又宽又长，似乎没有尽头。

作家余冠英曾形象地描述："就如平常的马路罢，在清华偏偏都高高的罩着翠柳的凉阴，并且还满布槐花的香气。"

在20世纪30年代的清华校刊上，一个化名九二的学生这样诗意盎然地描述沿路的风景：秋风疏疏地吹得树叶儿鸣，是他们在低头耳语，欣欣地欢迎你们。路旁小溪内的碧水，老是那样缓缓地流着，清澄可以见底，只是被树影草影填满了。上面有两三座别有风趣的白色小桥。朋友，你们幻想的憧憬，该活跃了一半吧？

经过漫长的假期生活后，同学们陆续返校。柳荫蔽日凉风拂面的马路上，每每都遇到旧的相识。偶尔遇到一二位似曾相识的人，他们也亲热地互相招呼。宁静的清华园里，充满了勃勃的生气。

二校门位于清华园的中心地带。主体是由青砖砌的，涂着洁白的油漆，一片缟素的颜色反映着两扇虽设而常开的黑栅栏门。大门上"清华园"三字是清朝大学士那桐题的。门前还要站立一名守卫的警察。

> 门并不大，有两扇铁栅，门内左边有一棵状如华盖的老松，斜倚有态，门前小桥流水，桥头上经常系着几匹小毛驴。（朱自清）

二校门前是向东西方向包抄的围墙。门前一条小河，河上有桥。这条河至今尚存。在20世纪30年代，虞振镛教授的女儿虞佩曹的记忆中，常有许多农村的人在桥下洗衣服。而大学生海莺的记述则细致动人得多："右边萦迂的溪水，掠岸湍奔过，两岸满是水草。许多露形的男孩女孩，在玩水边的泥沙，筑城、开河、造桥、堆宝塔，也有赶水面上鸭儿鹅儿回家去的。桥下是他们的母亲伏在石上浣衣。"最后一句，于经意与不经意间反映出了同一环境内由社会阶层差别所造成的生活环境的迥异。余冠英先生则说："说到那小溪，又是你最熟悉的去处了，那里淙淙水声往往费你整个下午去坐听。你有时嫌乡村姑嫂捣衣的聒扰，找到只剩你一个人的幽静地方，随处有光洁可坐的石头，有满身凉翠的树荫，有和流泉相应的蝉吟……"

二校门外的涓涓水流，吸引了不少同学去听这种自然的音节。有人带着鲜果干点，择绿草为茵，欢笑之声不绝。二校门旁的售品所，也是个有名的所在。学生们好像最喜豆浆。还有栗子糕之类的远东点心吃着。天气热时，汽水酸梅汤冰淇淋都上市了。清华学生，素以能吃冰淇淋自豪。年轻人胃口奇佳，加之抗战前生活富裕安定，又不大理会养生之道，整桶手摇冰淇淋放在面前，三四个人不住地一杯一杯吃着，相顾着有万分的愉快。

门外东面有几棵槐树，树荫下有个长青苔的老喷泉，就是进城的交通车上下车处。西面两棵大树中间常排着几辆"洋车"，等人们雇用。校门内东首是邮局，它后面有合作社及发电厂。

每星期总有许多师生进城。老清华人是"假北平人"，在空气清新而纯洁的清华园，天天听惯山鸟的清音，看熟远村寺塔之乡景，一进入繁华的城区，反而觉得不适应。北平都如此，上海就更格格不入了。

顾毓琇先生在《清华生活之面面观》中说：

> 许多同学们刚从学校里出来，着实看不惯海上繁华。他们宁可到半淞园，而不愿到游艺场去。他们宁可雇辆汽车到吴淞去一游，不愿到大戏院里去白混时光。电影有时候还能做他们的娱乐，但是他们忘不了欣赏自然之美。

在校的同学们也并不凄凉。阖家团聚的乐趣，虽然享受不到，几个知己的朋友们，也可以畅叙一番。有时候竟三三两两不惜冒着寒气要共赏冰天雪地的水木清华。

二校门是学校的中心地带，受过西方文明洗礼的师生，还曾在此处举办过婚礼呢。从二校门往西院，居然还有一条"情人巷"，想来风景不殊。随着国立清华大学的诞生和校园的扩建，至1933年前后，西、南两座校门也陆续建成。

《南渡记》开头，"七七"事变前夕，刚刚在城里听过军事形势会议，心情沉重的两位学校负责人坐校车从西直门回西郊，大概就是进的南校门，"茂密的树木把骄阳隔在空中，把尘嚣隔在园外。满园绿意沉沉，一进校门顿觉得暑意大减"。在20世纪二三十年代军阀混战、外敌进逼的乱世，清华园里却别是一番可安身立命的宝贵天地。

从南校门还可信步走到附近的蓝旗营去。那里近迹农村，远远可以听得见许多小孩子的欢笑声。节日里，一盏盏的红灯，很夺目地照耀着。

而当林洙女士1940年代末到清华学习时，则是从西校门进去的。"从西校门到二校门，乘汽车不过三五分钟的路程，我却走了半个多小时。路沿着一条清冽的小溪延伸，在路的另一边是一片树林，路上不见一个行人。路旁的大树缓缓从我眼前掠过，多么幽静的清华园。"

总之，从幽尘古道进入宁静的海淀小镇后，无论从哪个校门，都可进入清华园校区。无论岁月变迁，平坦大路、高柳大槐、明溪桥影，都是进入校园者共同的美好印象。

清华大学工字厅门口

甲所、乙所、丙所、工字厅

　　进二校门不远，由王国维先生纪念碑旁向右拐，便可看见那排由回廊连成一体的古朴典雅的东方式建筑——工字厅。

　　校史专家黄延复先生云：

　　　　工字厅始建于康熙年间。工字厅、怡春院、古月堂，是目前清华园内仅有的几所保存完好的古建筑群。工字厅原名工字殿，是清华园的主体建筑。因其前、后两大殿中间以短廊相接，俯视恰似一工字，故得名。现在人们提到工字厅，一般是指以工字殿为主体的那所古式大庭院。与工字厅后厅以"三步廊"相接有一所精雅的小客厅，俗称"西客厅"或"西花厅"。初建时也是一所书房，自领一小院，院内紫藤数架，棂外红莲映窗，是工字厅大院内最幽美的所在。1914年秋，梁启超曾在这里"凭馆著书"，起名"还读轩"。在这前后，他应邀作名人讲演，讲题为《君子》，引易象句："天行健君子以自强不息，地势坤君子以厚德载物"，勉励同学发愤图强。后来学校便以"自强不息，厚德载物"八字作为校训。

而在生长于斯的王元化、宗璞、汪健君等先生心中，那曲院回廊、长林碧草、田田荷叶，则更投注了拟人化的情感，缭绕着心灵的祥云，成为"一生中最美好的记忆"。

处于乱世一角的上世纪二三十年代校园的文化气韵，在一点一滴中已深深地渗入了生活于斯的人们的灵魂之中。宗璞《南渡记》中以乙所为蓝图描写的方壶小院，不就是这种充满清远文化气息的精英荟萃之地吗？

工字厅、古月堂及其附近西南的小树林，朱门碧瓦，钟灵毓秀，令人回想当年。清华学校时期的国文教师赵玉森在油印本《于竹林寺外得珍珠梅》中回忆古月堂的梅花："明珠百绯起香光，虢国夫人淡淡妆；古月堂中曾见此，匆匆一别几星霜。"旁注：清华有此，不见已十五年矣。更发出"仓促相逢浑似梦，是谁作合仰穹罗……新欢旧好纷怅触，为尔徘徊付短吟"的相思心声。

据老清华校歌词作者汪鸾翔先生之子汪健君先生回忆："旧时工字厅大门左右院墙根就有翠竹成丛，颇多雅致。""工字厅前草坪及大门内左右两跨院及中庭，以及其他院落均植有西府海棠，春时喷华吐艳极为炫丽。今亦所余无几。"这气度高华的西府海棠，好像总与北京西郊这些当年的皇家园林有某种密不可分的关系，并

清华大学工字厅旧影

因此而命运多舛。据说北京大学办公楼前也曾有两棵盛开时夺尽一园春色的西府海棠，也许是开得太茂盛了，也在后来的政治运动中遭遇了斧钺之灾。老先生们忆及此，亦有泫然泪下者。

在1930年代，一进工字厅的门，就可见两棵硕大的紫荆花，花开的时候，门前一片紫光，大有富贵气象。门里是水磨方砖砌成的路。里面回廊曲院、窗户栏杆，一例是漆成朱红色的。到处藤萝蔓延，终年花落花开，自然是"别有天地非人间"。

大厅里面则陈设着各种瓷器古玩，两厢各有一间可供人留宿的房间。单身教授吴宓、叶企孙先生曾在里面有过住所。

在宗璞的小说《南渡记》中，工字厅化名为"倚云厅"。内部陈设、布局既雅致讲究，又具古典气息。这是当年文化人生活的一个真实记录，但毕竟过于久远了，以至出版此书的人民文学出版社原社长韦君宜要细细地给她1940年代末出生的女儿从头讲古："那时候的北京真美！可惜你们没见过！"

在小说里，是这样描述"倚云厅"的单身教职员宿舍的：

> 倚云厅是一座旧式房屋，大院小院前后有上百间房，是单身教职员宿舍。卫葑的一间在月洞门里花木深处，已经收拾得花团锦簇。因卫葑这几天在城里，晚上婚礼后要偕新娘凌雪妍一起回来，碧初怕有疏漏，特地来检查。
>
> "可别动，什么都别动。"碧初嘱咐两个孩子。开了房门，见一切整齐。床是凌雪妍的母亲凌太太前天来铺的，绣花床单没有一丝皱纹，妃色丝窗帘让绿阴衬着，显得喜气洋洋。两个孩子蹑手蹑脚跟在母亲身后，这里似乎是个神圣的所在。
>
> 在碧初指点下，那些彩色链条很快悬在房中，果然更增加了热闹气氛。

工字厅并不准小孩子随便进入。因此，在没有大人带领时，孩子们便常在厅的北面、荷花池畔的平台上扒着大玻璃窗好奇地窥看。里面典雅、荫凉，有一股楠木香味，大概是由于氤氲了太多文化气息的缘故吧。

著名学者王元化先生曾在清华度过一段难忘的童年时光。那时，一位在清华读书的大表哥曾带着他在工字厅住过一夜。相传工字厅闹鬼，那天晚上他怕极了，把头蒙在被里才睡着。

1924年泰戈尔在清华工字厅
左起张澎春、徐志摩、张歆海、泰戈尔、曹云祥、辜鸿铭、王文显

　　而较小团体的集会，也常在工字厅举行。比较著名的就是1924年印度大诗人泰戈尔访华时在工字厅下榻和与众多文学家的聚会。

　　厅后面的荷花池，便是"水木清华"的所在了。这是一条漂满了浮萍的河，一片片漂荡在水面的浮萍把河水都染得幽绿幽绿的了。水在动，浮萍也在动，涟波荡漾的河水托着徐徐漂动的浮萍，说不清是河水推动了浮萍呢，还是浮萍把河水起皱得碧波盈盈。

每逢花朝月夕，荷花池不知逗留了多少校园诗人和情侣。在夏天，这儿就更是福地了。新绿映眼，荷叶田田，蒸人的暑气早消弭得无影无踪。当年的校刊上，一位化名"九二"的学生大概系有感而发，写下了这样的美文：

> 荷花儿大开，白的，红的，无限婀娜娇柔，微微的在风前抖战，好比那半遮半掩的美人面。微风吹来了缕缕的清香，惹得人心痴神醉。要是你工作疲劳以后，缓步走到池边，深深地做一次呼吸，包你会马上神气爽然的。朋友，你们不看见枯茎、残荷犹在西风里悲愁哀怨吗？假如一个人呆呆地站在这儿，月光清凉地照着你的脸孔儿，看着水底的楼台，台下的灯光人影，你会觉得风景依稀如梦，追忆到过往的风流，你将会对这神色匆匆的人生，生出些感怆和留恋。北风起了，雪花纷飞，清澄的水，凝成厚厚的冰。荷池又作了溜冰场了。那时才见热闹呢，男的女的，笑语呼声，有的飘飘作舞，有的仰面朝天。真乃集清华之精英了。

游了玉泉山的同学，常带了泉水回来。煮了清新的香茗，买些栗子月饼，到荷花池畔赏月，善吹箫的同学，还吹出幽雅而和谐的音乐来，真是画梦之境。

工字厅西南，是一片碧绿的森林，有着浓绿醉人的"长林碧草"。颇富乡村风景的土山旁，是广漠的水田。密密的树林中，一阵阵的洋槐花香，钻进鼻子，布谷鸟也在林里飞来飞去，"布

工字厅西南的树林

谷！布谷！”地叫着。

孩子们都觉得它树高草密，绿得无边无涯，走在里面，像是穿过一个梦境。一条深幽小径从树林弯曲通过，是孩子们捉迷藏的好地方。树林的西南有三座房屋，当时称为甲、乙、丙三所。林中露出两座红色屋子一角的，便是校长梅贻琦和文学院长冯友兰的住宅甲所与乙所之所在。其东还有一座丙所，是外文系教授陈福田的住宅。

在冯友兰先生次女、与国立清华大学同龄的宗璞童年印象中，"乙所东、北两面都是树林，南面与甲所相邻，西边有一条小溪，溪水潺潺，流往工字厅后的荷花池。溪水从玉泉山来，在校园

清华大学甲所

里弯绕，分出这一小股，十分清澈，两岸长满野蒿，蒿草间一条小路接着青石板桥，对岸是一座小山，山那边就是女生宿舍静斋。夕阳沉在女生宿舍楼后，楼顶显出一片红光。远处西山的霞绮正燃烧着一天最后的光亮"。

几家的孩子们常常把折好的纸船涂上蜡，放进小溪，再跑到荷花池等候，但从没有一只船到达。

宗璞深情地写道：

> 那青草覆盖的地方，藏着一段历史和我一生中最美好的记忆。

> 1928年10月，父亲冯友兰到清华工作，找到了"安身立命之地"。先在南院十七号居住，1930年4月迁到乙所。从此，我便在树林与溪水之间成长。那青草覆盖的地方，虽然现在草也不很绿，我还是感觉到暖意。这暖意是从逝去了而深印在这片土地上的岁月来的，是从父母的根上来的，是从弥漫在水木清华间的一种文化精神的滋养和荫庇来的。

宗璞先生在不少文章中都写到过20世纪30年代清华乙所住宅外夏日傍晚美好的萤火，那是孩童眼中童话般的希望，但那日益成为了久远的梦。抗战胜利后回到北平，萤火已不复存在。如今，曾被誉为"胜境方壶"的乙所也早已不复存在，只有甲所、丙所依然屹立，成为学校的会议、住宿场所。

> 若在淡淡的月光下，草丛中就会闪出一道明净的溪

水，潺潺地、不慌不忙地流着。溪上有两块石板搭成的极古拙的小桥，小桥流水不远处的人家，便是我儿时的居处了。记得萤火虫很少近我们的家，只在溪上草间，把亮点儿投向反射出微光的水，水中便也闪动着小小的亮点，牵动着两岸草莽的倒影。现在看到童话片中要开始幻景时闪动的光芒，总会想起那条溪水，那片草丛，那散发着夏夜的芳香，飞翔着萤火虫的一小块地方。

抗战开始，孩子们随父辈离开清华园，一去八年，对北平的思念其实是对清华园的思念。在清华园中长大的孩子对北平的印象不够丰富，而梦里塞满了树林、小路、荷塘和那一片包括大礼堂、工字厅等处的祥云缭绕的地方。

抗战胜利后，乙所前的树林，曾是琴声飘扬的所在。老清华有浓重的音乐氛围，有自己的音乐教育，音乐室的活动很多，管弦乐队、合唱队都是比较出色的。1950年代，在宗璞的成名作《红豆》中，她和她的大学同学们亲切地戏称这片树林为"阿木林"。

长大了，又回到这所房屋时，我在自己的房间里便可以看到起伏明灭的萤火了。我的窗正对着那小溪。溪水比以前窄了，草丛比以前矮了，只有萤火，那银白的，有时是浅绿色的光，还是依旧。有时抛书独坐，在黑暗中看着那些飞舞的亮点，那么活泼，那么充满了灵气，不禁想到仲夏夜之梦里那些会吵闹的小仙子；又不禁奇怪这发光的虫怎么未能在《聊斋志异》里占一席重要的地位。它们引起多么远、多么奇的想象。那一片萤光后的小山那边，像是有什么仙境在等待着我。但是我最多只是走出房来，在溪边徘徊片刻，看看墨色涂染的天、树，看看闪烁的溪水和萤火。仙境么，最好是留在想象和期待中的。

成年后的宗璞随父母再住进乙所后，却发现这印象里绿得无边无涯的林子其实并不大，几步便到边界，也没有了回忆中的丰富色彩。看来，在童年和青年之间，也存在着某种"隔"与"不隔"的神秘力量。而在宗璞，这力量又是体现在老清华风物间弥漫的传统文化精神上的。

直至复员后的一年夏天，有人在林中播放音乐，大概是所谓的音乐茶座吧。宗璞凭窗而立，音乐像是从绿色中涌出来，把乙所包围了。每当音乐响起时，小树林似乎又扩大了，绿色显得分外滋润。少女又有了儿时往一个梦境深处飘去的感觉。

在亲历者的梦中，这片不大的普通树林永远是诗意的家园。

清华大学的红桥碧水

红桥碧水、静斋

清华园里，虽没有燕园的未名湖，却有一条横贯东西的校河。河身修长而微有曲折，两岸的树丰茂可喜，河上几座桥都很好，在桥上近可以看鱼，远可以看迷离的树影。

自生物馆西至二院食堂东，一条河把老清华分为两大区域。水是活的，流速极缓，所以又清又静。三五红桥横跨水上。秋风起的时候，黄叶儿飘落满河，别有静谧的风姿。

夜晚，图书馆在河水中映下了灯火辉煌的影儿，景色空明，越发令人心醉了……

这条碧水河，与工字厅后面的荷塘、西校门前的小河、乙所附近的小溪以及进西门后一条横穿草坪的小河，再加上校园内的喷泉，诸多的美景构成了人间仙境。不要忘记这是上世纪的前期。这里已有着现代化的喷水池。有节奏的水声如清幽和谐的音乐，牛乳似的甜美的水带着一股清香。小河边，柳荫垂钓，也别有风致。河里可见青荇飘荡，河边的野鸭蛋俯拾即是。"馀寒疏雪杏花丛，三月燕郊尚有风。随意明眸芳草绿，春痕一点小桥东。"这首诗就是俞平伯描写南院门前小河的景色。

老清华有大片荒原，从当时的女生宿舍静斋后面一直到清华西门附近的西院，都是大片的树木和稻田，其间点缀着土山、荷塘、小农田和几户农家，这变成孩子们游玩的好地方。这里的树木啊，石堆啊，禽鸟啊，都是孩子们有交情的相识。

道旁就是小丘陵和不远小山上的钟亭。

王元化回忆："那时，悠扬的钟声为清华人报时。晚上最后一遍钟声敲响，那是熄灯信号，清华园电厂供电到此为止，所有电灯马上就要熄灭了。父亲每天在熄灯前就将擦亮的煤油灯罩预备好。油灯发出昏黄的微光代替了雪亮的电灯，孩子们发现夜真正降临，睡觉的时候到了。"一个今天的喧闹社会完全无法想象的无声的、点缀着幽幽微光的神秘清华园，就在这古老的钟声中重现。

1930年代哲学系学生韦君宜回忆："一九三七年夏季我的母校清华，教授宿舍旁一条小溪，隔溪一片树林，一座小土山对面是女生宿舍楼静斋。夕阳正照在窗上，余霞成绮。我倚窗外望，想着坐校车赶进城去，脱在床上的旗袍懒得收拾了，下回回校来再说。哪知道从此不能回校，直到一九四九年当校友再来。"

韦君宜所指的静斋，离工字厅不远，位于原近春园与清华园交界线上。该楼建于1932年，当时为女生宿舍，并附有专用食堂，总面积2 109平方米。作家宗璞也回忆，乙所西面的小桥那边，有一

清华大学静斋

个土坡，小路上了山，不见了。晚间站在溪畔，总觉得山那边是极遥远的地方，隐约在树丛中的女生宿舍楼，也是虚无缥缈的。其实白天常和游伴跑过去玩。作家的感受是极其敏锐的。看去遥远缥缈关山远隔，实则近在咫尺的"山那边"，需要慧心去探寻。这正是清华大学园林建筑的一个传统而美丽的特色。

小山那边，就是韦君宜等居住的女生宿舍静斋。"夕阳已沉在女生宿舍楼后，楼顶显出一片红光。远处西山的霞绮正燃烧着一天最后的光亮。"宗璞的回忆与韦君宜"夕阳正照在窗上，余霞成绮"的印象如此吻合。1930年代，还是幼童的宗璞，在余霞成绮的树林旁经常遇到一些女大学生，她们拉着她的手说："你这黑眼睛的女孩子！你的眼睛好黑啊。"而在这些温文尔雅的大姐姐中，是否就有韦君宜的身影？十几年后，当随父辈北归复员的宗璞也进入清华学习时，这片红桥碧水依然琴声悠扬。

1932年入学的法律系学生郑秀就是在清华园中与著名作家、外文系学生曹禺相爱的。

1933年秋季开学后，八级27个女同学，从原分住在古月堂、西北院和新南院18号的女生宿舍，迁入新建成的静斋。六、七、八级和新进校的九级女同学可以自选同屋，分住二、三层楼，两人一室。因人数较少，个别同学可独居一室。郑秀对静斋生活有着宝贵的全景式回顾：

> 我有幸分得二楼对楼梯口较小的一间。此屋虽属"交通要道"，课前课后不停的有脚步声和偶尔喧嚷声，但并不妨碍我在室内阅读或朗读外语。累了，远望窗前的绿树春花或冬日的松柏。渴了，就到走廊边小磁池前，喝几口清凉的泉水，顿时心旷神怡，精神焕发。静斋是我们课余消化和巩固课堂所学、钻研疑难课题的好处所。

> 当年北平有数的几所招收女生的大学，一律规定：女生宿舍，谢绝男宾入内。静斋门口虽未挂"男宾止步"的牌子，但本校男同学和校外男宾来探亲访友，都要通过传达室小刘妈登记、传达，然后在客厅等候。

> 静斋一层南面朝东第一间是女生指导员的办公室，第二、三间则分别为指导员和女教员的卧室，最后一间

充当轻病号的临时休养室。洗衣室的一角设有木架，存放同学们换下要洗的衣物布袋，留待洗衣局工友定时取去并送来洗净熨平的衣服。临大门口东面的走廊贴墙边处，安置一排木框镶玻璃的多格式信箱，按学号插放各人信件。传达室的电话随时可用。静斋的生活无疑是十分方便的。

静斋三层楼道、走廊和卧室，分由沈、吴、白三位女校工掌管清洁卫生和门户看管工作。她们十分勤劳，每晨打扫走廊和卧室，把地面拖得油光水滑，门窗擦得一尘不染。每人掌握一把master key,可随时开关各卧室房门。住静斋三年，从未闻发生任何事故。三位校工年龄均40上下。传达室的小刘妈，年龄较轻，稍有文化，白天总坐在小传达室里，守在电话机旁而"手不释卷"，偶尔听见她在低声朗读。她的脸上总带笑容，说起话来，细声细语，惹人喜欢，时常得到来宾们的称赞。

还有，男校工于国成，专管外勤，举凡购物、送件、取件以及宿舍小修小补繁杂事务，都由他骑车各处奔走，无论酷暑寒冬，他总是默默地劳动着。

为了表示我们对这五位工友的感激心情，我级女同学毕业前曾集资购买图书和衣物等礼品赠送他们。

静斋的同学们一般是不开夜车的。晚11点过后，除了走廊、通道和盥洗室留几盏灯光外，卧室一律熄灯就寝。但1935年11月下旬的一个夜晚，大约子夜时分，我起夜，披衣、打开房门，正准备走去盥洗室，忽然看见斜对面的那间寝室，烛光摇曳，我隐约听见两人在轻声谈话。一位右手拿着钢板铁笔，左手按着钢板上的蜡纸，正在聚精会神地刻写什么。猛然她转过头来对正走出房门的一位同学用苏州话说："璀璀，侬早点转来核对个么兹（是指'这个'），阿好？"听得出来是蒋宪端同学的声音。璀璀点点头，就疾步下楼去了。我不便多停留，再望望那烛光摇晃半暗的卧室，急忙向盥洗室走去。无疑是小刘妈刚才给璀璀开的宿舍大门，此刻又把璀璀送出清华园中另一斋去夜"游"了。她什么时候才回静斋睡觉的，不得而知。大约半个月后，震惊世界的"一二·九"运动爆发了。我明白了那天夜晚那两位同学秉烛夜"游"，干的是一件多么了不起的事业啊！蒋宪端同学当年在"一二·九"运动中作出了贡献，不幸她于1978（？）年病故北京，特为追忆，以资悼念。

记得1934年校庆那天，上午9时，静斋的主人们都在迎候来宾，站在各自的卧室门前。最初来宾不多，他们顺序登楼参观各卧室。不料后来的人越来越多，几乎是蜂拥而上，难以招架。来宾中除本校男同学外，不少是邻校燕京大学相识或不相识的朋友、同学们的亲属以及年前来校演出的话剧演员白杨和京剧票友俞珊女士。还有，意想不到来了两家报社的记者。那一天，我们各卧室除了打扫得格外干净整齐外，只是案头多插上迎春、丁香和榆叶梅之类的鲜花。有的在书架和墙角小木架上方陈置几尊古代文学和哲学名人的石膏像，别无长物。唯独墙上挂的或床前柜上摆的屋主人或她的友人的相片，最引参观者瞩目，一转眼之间便成为他们的"猎取物"了。"失窃"者无可奈何。不过，有的戏谑者不出一个星期，便把原件"完璧归赵"，并附有道歉信。

近中午时分，指导员汪沅女士，手摇着铃，拾梯而上，通知来宾们团斋时间已到，请他们下楼休息，下午继续参观各教学楼、馆、实验室以及图书馆，男、女体育馆各项设施。人云清华有"三宝"——图书馆、体育馆和大礼堂，是当时国内各大学所少有的，闻名遐迩。静斋的主人们略事休息后分赴各食堂会餐，欢度一年一度的校庆盛典。

清华女生一向以朴实大雅著称，至今犹然。老清华女生，烫发的极少，许多都是后面推得高高的，看去又轻便又爽利。当年，连何应钦都说，没想到所谓贵族学校的同学都那么朴素，尤其是女生。这在城里的学校中，是不易找到的。

在"一二·九"运动前，绝大多数女生只埋首学业，非但不关心社会问题，就是极普通的小说和杂志，似乎也无暇顾及。因为封建残余力量的限制，再加之运动场离得远，大多数是不爱运动，大有打球毋宁看小说之慨。与现实社会的距离，使得她们在将来离开这个小集团，走入另一个环境中去时，感到不适和难于应付。

在当时的校刊上，有人呼吁负责的领导者不能放松女生的社会实践这项比指定参考书更重要的义务，引导女生们发现危机，参与社会实践。这些真知灼见在今天来看也不无参考价值。另外，上世纪30年代以前，不少女大学生，甚至留洋女生在完成学业后，都一头扎进了小家庭中，甘心做知识型家庭妇女，此中利弊虽仍待研究，但校刊上也有人对此种浪费社会资源的现象进行针砭。

有趣的是，在男生占绝对主体的老清华，寥寥可数的女生们自然是硕果奇珍。她们择偶的对象，自然大多也是清华男生。但双方人数对比悬殊，所以有幸得清华女生芳心者，毕竟是少数。其余情感浓厚之男生，则不得不在学校外自觅"新大陆"。后者中不少人亦庄亦谐地表示，清华学子前途无量，是稀缺资源，虽然得不到校内女生的心，但社会上想与之结姻缘者不知凡几，托教授们在学生中觅一佳婿的名人，也数不胜数。固大可不必灰心着急，将来可挑选的余地大着呢。

这些六七十年前校刊的言论，在今天的清华校园里也是那么熟稔，听起来似乎就发表于昨天。它们永存在一代代清华男生对"人生大事"的讨论中，倒是一条不成文的真理。

老清华名媛

清华大学的前身，是1911年成立的庚子赔款留美预备班，后改名为清华学校。

最早的女留学生

自民国三年（1914年）起，清华学校开始间年选派专科女生十名（有时不足额）留美，由公开考试决定。梅贻琦胞弟梅贻宝的夫人倪逢吉就是1921年招收的十名女生之一。在回顾这段青春岁月时，她说："回想起来，人生真是若梦。而我的这一场黄粱梦，全以清华在1921年考取十名女生公费留美为张本。讲到一生的学业、事业，以及婚姻、家庭，莫不推演于此。"这十名女生都是直接留美，并没有在清华园受过一天教育，但是，这十名女生嫁的夫婿，至少有一半是清华人。

1928年，清华由留美预备学校改制为"国立清华大学"。这是清华历史上重要的一页，标志着清华进入了崭新阶段。

1932年，学校招生开始膨胀，女生达到创纪录的28人。女生宿舍古月堂、西北院已不敷分配，只好安排郑秀、旷璧城等15人到教师住宅"南院"18号居住。南院，建成于1921年，是应改办大学计划之需建成的教授住宅。因为已有了"北院"住宅区，所以就称之为"南院"。

1933年秋季，新的女生宿舍静斋建成。

这是一片红桥碧水，隐约于树丛中。清华本就地处北京西郊，风景优美，静斋更是遗世独立，环境幽雅。六、七、八级和新进校的九级女同学可以自选同屋，分住二、三层楼，两人一室。因人数较少，个别同学可独居一室。有男生赠给静斋恶作剧的雅号"炮台"，取"易守难攻"之意。抗战前，它还拥有自己的食堂，食堂做一种叫"高丽馒头"的点心，非常可口，连男生也跑去一饱口福。

抗战前，这个群体给人的总体印象就是埋头学习，不问外务。具体到专业选择上，习文科者占了绝大多数，佼佼者如外文系的杨绛、法律系的郑秀、哲学系的韦君宜、社会学系的陆璀等，而物理系的何泽慧则是理工科女生的杰出代表。无论社会还是学校，对她们都比较优宠。

不过，在早中期老清华女生生活的年代，绝大多数女子的最终社会定位仍是为家庭服务。即使受过高等教育、寥若晨星的女孩子，也不免身落网中。婚后，她们大多成为教授夫人，人称"师母"，即"高级知识型家庭妇女"。但因曾有幸熏沐过得之不易的高等教育，多数女生并不甘心将青春年华在舒适的家庭生活中消耗殆尽。她们都独立自主，胸怀实现个人价值、为社会服务的理想，虽然最适合她们的工作往往只局限于教育职位和少数政府机关。而走入社会后，她们必然还会发现，若要全面实现这个理想，终须付出高昂的人生代价。在教育领域成就卓然的旷璧城，就为了事业终生未婚。

论战

或许，正因为那个时代的大学女生是绝对稀缺的社会资源，而其就业前途又是如此狭窄，所以女生的生活就必定成为男生感兴趣的焦点所在。逼到最后，老清华女生们不得不站出来在校刊上为自己呐喊："女子原不过是女子，一丝不多，一丝不少，怎值得大惊小怪？"

但这还不是自由争论的最高潮。一个化名"君实"的男生在校刊上发表了一篇题为《两性问题在大学里》的文章，尖锐地讥讽女生"从公认的奴隶、玩偶、装饰品，进到默认的奴隶、玩偶、装饰品"，痛心道："高等教育算是尽了抬高女性的地位的责任了。然而，高等教育并不会抬高女性的人格，只不过拿知识的衣装美化了它，使女性在'性交易'的市场上享受着某种便利和优先权。"

此文一出，马上就涌出了4篇反驳文章。一署名"古董"的女生发表的见解含有十足的火药味："女子为什么一定要与男子一样？……高等教育是抬高了女子的人格，增加了她们的自觉心。她们有她们的人生，再用不着别人仅由其日常普通生活去断定她……清华女同学无论在哪一方面说，并不异于男生。"署名"半翅"者更一针见血地指出，践踏女性人格的都是那些多数的男性——旧社会制度的维护者。她说："两性间是不应该有着'憎'的，然而女性对那些'留恋旧尸骸'的伪善者却不能不有着'憎'，不但消极地要'憎'，而且要积极地对这些男性施以攻击。'爱'是不能弥补这裂痕的，你能叫羊与狼当中有着纯洁的爱吗？"

这场自由争论变得越来越严肃和深入，不但令当时的清华人，也让70多年后新的世纪的读者耳目一新。在目下花花绿绿千奇百怪的报纸杂志上，我们已很难读到这样严肃认真地探讨女性社会定位的好文章了。

仿佛是为了替女生们日益高涨的自主自觉意识做一个身体力行的证明，到1935年"一二·九"运动时期，恰就是这所留美传统浓厚的学校里这座与世隔绝的"炮台"，一鸣惊人地涌现出诸多不让须眉的巾帼英雄来：韦君宜、纪毓秀、韦毓梅、陆璀……"七七"事变后，她们投笔从戎，纪毓秀捐躯疆场，被誉为"山西三大妇女运动领袖"之一。

韦君宜后来这样回忆："我们是成千论百唱着流亡曲蜂拥离开北平的，实在是忘不了1937年以前的北平，就如我自己忘不了1937年我的母亲一样。""七七"事变前一天，她要进城参加会议，夕阳正照在静斋的窗上，余霞成绮。她倚窗外望，想着坐校车赶进城去，脱在床上的旗袍懒得收拾了，下回回校来再说。哪知道从此不能回校，直到1949年当校友才回来！

在老清华，这几个女孩子是第一批弃学从政的女生。她们出身于富贵家庭，衣食不愁，前途可靠，最初走上这条刀光剑影的险路，绝非功利驱使。

在"一二·九"抗日游行示威后，军警搜查清华园，包围静斋时，曾不解地质问这群大小姐："过着这样好的日子，受到这么好的教育，为什么还闹事呢？"直至上世纪80年代，韦君宜出访美国，见到不少当年的校友，如今功成名就的各领域专家时，他们也对她说，在当时的清华园，学习最好的并不是今天这些人，而是那些后来投笔从戎的地下党。

韦君宜闻言，不禁唏嘘。尘埃落定，一切种种更证明这批老清华人，尤其这些清华女生参加革命的动机，绝非为改善自身生活境遇，也不是要摆脱封建婚姻的束缚，而多是被抗战激情所裹挟的献身者。她们在无形中把拯救国家的道路和解放自己的道路很紧密地联系在一起。

西南联大时期

时光流转到艰苦砥砺的抗日战争时期。1937年，清华、北大、南开三校师生离乡背井，后在昆明创办了西南联合大学，培养出大批人才。在这期间入学者，既可算清华人，亦可称北大学子，当然也是南开校友。学生的学号戴上不同字头，P代表北大，T代表清华，N代表南开，借代表借读生，试代表试读生，混成大班。

绝大多数联大学生都通晓英文，很多人还掌握了不止一门外语。老清华农学院教授虞振镛膝下有多位千金，二女虞佩曹小时候还在南院教授住宅区为倪逢吉拉过婚纱。1943年，虞佩曹也到了入大学之龄，遂考进联大社会学系。新中国成立后虞佩曹在军工厂服务终生，所赖谋生者自然不是西方社会学专业，而是翻译外文资料。

她晚年陆续撰著不少散记，信笔道来，忆先人，也记同辈。在虞佩曹笔下，联大人细分作两类：一是她自小生长其间的那个圈子——清华教授、子弟；二是联大同窗。她记述了后者自由无拘的学术追求与苦中寻乐的精神风貌，也回忆前者的逸事、趣事，甚至几乎被所有人遗忘的家庭悲剧。这位被西方文化熏陶过的老联大女生琐细敏感的文风实在很像奥斯汀，虽然她不写小说。虞佩曹对笔下的人物和群体，始终带有敬意，甚至饱含同情。

北上复员

1945年，"河山既复，日月重光"。清华北上复员。此时入学的最后一代老清华女生，均发现自己站在了两个时代的交叉路口。急剧变幻的政治风云，必然投射在这座校园的一草一木间。和前几代老清华女生一样，她们都是专业人才，而且随着时代变革，毕业后基本上都能参加工作，并成长为各行业专家。

外语系永远是女生相对集中的地方：文洁若沉浸于英美文学世界的天堂，宛若修女与世隔绝；宗璞酷爱哈代，也雅好古典音乐；资中筠常到乐声飘荡的"灰楼"练琴；上海姑娘吴士良在这里与英若诚相识，结为终身伴侣，搞了一辈子戏剧；还有去了解放区的地下党员王金凤……

人们一提到这时代的清华女生，就免不了想到宗璞的成名作《红豆》。小说以一段夭折的校园爱情为线索，为我们展现了那个大时代里年轻人，特别是高校知识分子急剧动荡激烈取舍的心路历程。《红豆》写的是那代知识分子真实的境遇，表现的是一种带有鲜明时代印痕的，必须做出"抉择"的命运。这样的母题，在当代文学中，其实并不少见。

1950年，后来担任社会科学院美国研究所所长的外文系女生资中筠为写毕业论文，开始享受入图书馆书库的特权。她写道："第一次爬上窄窄的楼梯进得书库，望着那一排排淡绿色磨玻璃的书架，真有说不出的幸福感，外加优越感——自以为是登堂入室了。同时又有一种挫折感：这一片浩渺的书海何时能窥其万一？"

急于投身建设的热情，对知识宝库的流连，这两种情感错综复杂难以调和。真实的心理矛盾，是那个时代学子们共同的情结。徜徉于母校巍峨深远的学术殿堂，毕业生内心激荡着繁复的情绪。宗璞的毕业论文，在此时也匆匆完成了，并于50年后的新世纪在清华图书馆重见天日。站在两个时代交汇点，女大学生在首页写下欲说还休的序言："我喜欢哈代，因为他研讨生命的时候能了解'命运'，他想法解释生命的时候永不忘记'命运'。我长久有写述他的愿望……可是我们国家今日不需要我的幼稚无益的讨论……我希望将来能有时间把它仔细写完。"

她最终没有写完。

链接

老清华名媛，大致可分三部分。一是女学生；二是女教员；三是教授太太，有些太太曾在清华读过书。在老清华，女教员不多，自然其中也有清华毕业、服务清华的。至于三者身份皆备者，由于老清华对教职工有一条不成文的规定：夫妇不同校，故是极少见的，几可不计。此文专讲女学生。

清华大学成志学校校址

成志学校（丁所）

从甲、乙所向南，翻过一座小山，或者绕过二校门内西边的校警队营房往西走，就可见这幢背靠松树坡的民房。微弯的拱形门好像赵州桥的桥洞。上世纪80年代，那里是银行，可以看到里面一条通道，两旁是静静地关着的小屋，完全像一户人家。窗户后面的小院很静，堆满了杂物，在阳光下，好像一条漂在河上的船，又似乎有另一条河从院子的深处漂流向外面。这是一个小小的天井。

这里曾是众多清华子弟成长的摇篮——职工子弟学校（成志学校），小学又附设有幼稚园。当年的师资力量颇令人惊羡。

当初上过成志学校的同学，现在有不少已成为世界上的知名学者了。

正如宗璞先生云："这里没有懒散，没有低俗，它教我们要像昼夜一样永远向前不停息。这种精神似乎比一般的实干精神更丰富、更深刻。"

宗璞从幼稚园毕业时，成志学校召开了一个家长会，最后是文艺表演。冯友兰先生夫妇坐在台下，见女儿头戴花纸帽、手拿指挥棒，和好些小朋友一起走上台来。宗璞喊了一声口令，小朋友们整齐地站好队。宗璞的指挥棒一上一下，这个小乐队又奏又唱，表演了好几个曲调。台下掌声雷动，家长和来宾们都哈哈大笑。冯先生和妻子也跟着哈哈大笑，心中却暗暗惊奇，因为他们从未看见女儿在家里练过什么乐器，那时家里也没有什么乐器；正如他们很少看见女儿在家写什么东西，而女儿却发表了那么多精彩的作品。

不过，在这张摄制于约90年前的幼稚园演出照上，那个持指挥棒者却非小宗璞，而是另一届毕业生。司鼓者是陈寅恪先生长女陈流求。就像校园里许多准兄弟姐妹一样，她们都是从小到大的同学、朋友。

陈流求对人生第一次毕业演出记忆犹新：

小朋友最兴奋的事恐怕就是过儿童节了（那时儿童节是四月四日），老早就准备节目，为了家长来看我们表演。在我大班将毕业前的春天，由五六岁的孩子们组成了乐队，多日前就练习演奏。老师们非常忙碌，不仅要召集排练，还用纸糊帽子，剪纸帽穗，连表演服上的条纹也是用纸粘上去的。正式演出时无论效果如何，家长们都是呵呵笑着拍手。当年演奏的曲目已经忘去，可牢记我是一名鼓手，从旧照上看我站在右侧击鼓，其他小朋友都各司其职，目前我已难辨认各位的名字。

摄制于90年前的幼稚园演出照

　　住南院的大多数同学从南院西门出来，折返石桥，再向西行个十几米，就到了学校，非常方便。住甲、乙所的梅祖彦、宗璞等也只需向南翻过小土山，便可到达。住西院、北院的同学要辛苦些。不过由于学校位于校园中心地带，故而这辛苦也是相对的，而且沿路的景色更令人体会上学的衍生之乐。

　　1922年出生的杨振宁随父亲杨武之教授到清华时，已经七岁，直接进入成志学校读书。他每天从清华园的另一个方位西院东北角家门口出发，沿着小路向南行，再向东南走，爬过一个小土山到达当时的清华园围墙，然后沿着围墙北边的小路东行到成志学校。这期间还可欣赏蚂蚁上树、蝴蝶打架等自然美景。当时的小学生生活，似乎也像空山新雨后的宁静少人的清华校园，有着古代先民般无争无求的生活韵味。

陈流求满四岁后，家里也从南院八号搬到新西院卅六号，这年她进入了成志学校附属幼稚园。每天上学，从西院往东沿着紧贴学校围墙内的一条路走，围墙被"爬山虎"紧密地攀附着。脱去冬衣后，"爬山虎"的叶片慢慢把围墙装扮成绿色。刮起秋风时节，叶片变成暗红色，渐渐枯萎脱落。次年她的二妹小彭也和姐姐一同踏着这条围墙边会变色彩的路高高兴兴上幼稚园去。

小学院小，学生也不过二三十人，再考虑到这所房子至今尚存的宁静气韵，真让人对当时孩子们度过的小国寡民般的幽静学堂生活心向往之。学校就将一、二年级，三、四年级和五、六年级分成三个班，每位老师同时教两个年级。因学校学生少，所以不论是哪个年级的学生，互相都认识，也较熟悉。马约翰先生是孩子们的校长。自四年级起学生就开始学英语，是他亲自启蒙，而且要求很严，要孩子们游戏时也AA、BB地练习。中国文学系教授杨振声先生的孩子杨起成绩很好，但有一次考了个99.5分，原因是在一句话中的"i"字上忘了点那个点。

后来由蔡顺理夫人来教，她本人也是留美学生。教音乐的是住在原丙所的何林一夫人，她教学生五线谱。

虞佩曹老人记得很清楚，国文课本第一课的内容是"大狗跳，小狗叫，大狗跳一跳，小狗叫一叫"。画着花色不同的大小狗各一只，用后脚站着，前爪曲在胸前。他们总是高高兴兴地去上学，从不感到有什么压力。

成志学校师生留影，约摄于20世纪30年代

学生的人数不多，有两个"大头"，一个是演讲得第一名的杨振宁杨大头；另一个是俞成的弟弟俞大头。除南院的小朋友外，有住在西院的陈达家的陈旭人，陈桢家的陈明德，郑桐荪家的郑士宁、郑士经（师拙）及吴人美、邵士凤等。北院有刘崇铉家的刘金业，他有一辆两轮小脚踏车，大家用它学骑车，不会拐弯不会下车，就往土山上撞，倒了就下来了。还有王文显（Queen Wang）家的王碧仙、王碧云姐妹俩。他家的小楼可俯视墙外的牛奶场，所以大学生们赠以"望牛楼主"的美号。

据图书馆资深馆员唐贯方先生之子唐绍明回忆，南院确有一个"俞大头"，是俞平伯先生的孩子。而当时还有一个聪明的"大头"——"王大头"——王元化。这样小小的成志就有了三个"大头"："杨大头"杨振宁、"俞大头"俞润民、"王大头"王元化。

这里还有一件趣事：当成年后的俞润民带着新婚妻回清华玩时，看大门的老校工居然一眼就把他认了出来，说："你不是当年的'俞大头'吗？"在新婚妻面前，听老校工提到自己当年的绰号，俞先生既兴奋意外又有些不好意思。同学少年，往事如烟！

俞润民写道：

在班上，有一位老师让我上台讲故事，这是我第一次在台上向大家讲演，心里非常紧张。那天父亲也来

清华大学成志学校校址全景

听，他在日记中有一小段记载："上午有课，下午至成
志学校看润民讲故事，神气尚好，只是说得太快。"可
见我当时紧张的情态。

　　小学的毕业典礼，大家要唱歌送别。这首歌词和曲
调，我至今仍记忆犹新。其歌词是："榴红吐艳，柳碧
垂丝，现诸君毕业正当时，看那些花儿草儿，也为人伤
心别离……"歌子委婉动听，至今难忘。

时光飞逝，至杨振宁、俞润民等成志学校最早的学生长大成人，俞润民携新婚妻重回母校时，这所昔日宁静简陋的小院，已成相对热闹的校园。这也从一个侧面象征着清华大学的发展。

1948年，成志学校迁入了原为附近地区贫寒子弟开办的"成府贫民小学"，即现在的清华附小所在地。

在李曾中（气象系主任李宪之之子）、施湘飞（工学院院长施嘉炀之女）等经历着新与旧两个时代的转型期，却仍吸吮着成志学校一以贯之的雨露滋润的新成志子弟的眼中，难忘的成志生活既如《青春万岁》里描写的那样热火朝天，洋溢着时代特有的激情，又仍然保留着几十年前独特的清幽气息。

李曾中的回忆，为成志学校的历史画上了一个圆满的句号：

成志学校是清华的子弟学校，只有小学和初中。据说清华大学当时的领导认为：不能让清华的子弟们从小学、初中、高中、大学都在清华园这座"世外桃源"里生活，他们应该有机会去接触外面的社会，所以有意没有设立高中。

我在成志学校念书时，记得一开始是季镇淮先生当校长，后来换了李广田先生（长大后才知道他是我国著名的现代文学家），再后来就是孔祥瑛校长了，直到我们初中毕业时为止。成志学校的老师都很好，他们不仅责任心强，业务素质也很高。例如：我们的美术老师吴承露先生，大家都很喜欢上他的课，我学会了写美术字，做各种手工，画各种图案，我的美术知识相对来说是较高的。我们的英语老师是刚从美国回来的水利学家张光斗教授的夫人，她的美国英语发音很好，这为我的英语发音打下了良好的基础。教数学的朱安恕老师，课也教得很好，对我后来学习数理化和从事气象科研工作，也起到了很重要的作用。教我们语文课的老师游琺，兼我们的班主任，学问也很高，这就引起了我对学习语文课和写作文的兴趣。而这对后来我写作各种学校论文，帮助是很大的。1952年父亲调到了北大，我惊讶地发现我们这座二层小楼的楼上主人，就是游琺老师的父亲，我国著名的古汉语专家（实为中国古代文史专家——编者注）游国恩教授。

清华大学是一所著名的综合性大学，每当成志学校缺少教师时，就从大学里调人来，或暂时帮助代课。例如：历史系的一位研究生，就常到我们班上代教历史课。我在北大念大学时的丁石孙校长，当年是清华数学系的高才生，也在成志学校代过我们的代数课呢！

成志学校——我的童年乐园

宗璞（口述）

刘超、侯宇燕（整理）

　　水木清华的一石一木，从童年时代直至如今，它们始终滋润、陶冶着我的心灵。

　　成志学校是我的母校。我们一家和成志学校有不解之缘。

　　1928年7月26日，我出生在北大和清华之间的居民点成府，槐树街十一号院的正房中。年10月，我的父亲冯友兰先生就来到清华工作，从此找到了"安身立命之地"。冯先生刚到清华就参与了一件大事，那就是清华的归属问题。从隶属外交部，改为隶属教育部，国立清华大学就在那一年诞生，成为中国近代学术独立自主发展过程中的重要标志。冯友兰先生不仅为清华大学做了许多工作，也为成志学校做了很多工作。他很早就担任了成志学校的校董，并经常为成志学校主持召开会议，会后每次都要在会议记录后面签上他的名。我记得他还为成志学校写过募捐启事。

　　我的童年是在清华园度过的。我3岁上幼稚园，5岁上成志学校。1937年全面抗战爆发后，我随家人南下，1938年6月到昆明。那时我10岁，正好读完四年级。

　　清华园这段童年时光，大概是我人生中最快乐的一段时期。当时全面抗战还没有爆发，清华园的生活很优裕，教授的待遇比较高。我们小孩子也都生活得无忧无虑。课间休息时，总会有许多家长来给孩子加餐，送一些点心和水果之类。

　　那时我家住在乙所。我每天穿过小山坡就到了成志学校，只有几分钟的距离。那时成志学校人很少，一、二年级在一起上课，三、四年级在一起上课。

　　当时学校附近有秋千，有大转盘，有跷跷板，还有滑梯等运动设施。我在课间常常在那儿玩耍。

　　我小时候比较活跃，爱唱歌，在幼稚园或附小读书时，还在音乐会上做过指挥。那时的课程很活泼，我记得有一堂课是让同学们挨个上台讲故事或表演。我在台上讲故事时，因为故事比较悲苦，自己讲着讲着也情难自禁，大哭起来。

　　那时成志学校只有小学部，学生都是清华教师的子女。这些教师几乎都是名教授，那时名教授比例非常高。成志学校当时还不招职员的子女，所以它实际上是清华名教授的子弟小学。当时的教授们子女都比较多。教授们相处得很好，清华子弟之间的关系也很好。可以说，那时整个清华大学是一个团结的大家庭，成志学校也是个团结的集体。迁到昆明之后，大家还是很要好。

到昆明后，我就读于一个私立学校——南菁学校的小学部，读完五年级和六年级之后再上联大附中。当时日军天天空袭，我们没有合适的地方上课，联大附中只好设在了一个庙里。所以说我是在庙里学了几年。联大附中在文林路。文林路上来来往往的几乎都是联大的子弟。我弟弟冯钟越和杨振平是最要好的朋友，他们经常在一起。有一次，有人对我开玩笑说：冯钟越总是左边一个杨振平，右边一个杨振汉；梅祖芬总是左边一个潘乃燧，右边一个潘乃穆。——他们这拨人老是在一起。

这些年已经很少出门，但我一直想念着我们当年学习过的成志学校，近些年还曾"梦游"过母校。

我在成志学校受到了非常好、非常快乐的教育。对一个国家、一个民族来说，教育是非常非常重要的。在我看来，对孩子小时候的教育，最重要的是让他们学会两点，一个是诚实，一个是勤奋。这是我们现在社会很欠缺的。当然，要做到这两点，不是小学本身能完全解决的。所以还需要我们从大的环境方面再想办法、做工作。中小学老师的工作很辛苦，但也很有意义。所以我一直很崇敬中小学教师。

孩子的教育，最重要的是要从小抓起，从中小学阶段抓好。对小孩子来说，最重要的是让他们有一个快乐的童年，让他们生活得快乐，在快乐中成长。快乐的童年，对他们人格发展、对他们一生的成长是非常重要的。这将成为他们一生的美好回忆和宝贵财富。我自己在成志学校读书时，是很快乐的，没有感觉到什么压力，也没有什么负担和忧虑；后来抗战时期，生活那样地艰难，可我们还是觉得挺快乐的。总是觉得很有希望、有奔头。

现在中小学阶段孩子们负担太重了。我很心疼我们现在的孩子们。我希望孩子们以后在接受教育的同时也能生活得更快乐一些。

成志学校培养了很多人，其中很多人都成了有大成就的人物。现在，很多老校友都已离开了。很多过去的事大家可能就要逐渐淡忘了。

我的母校成志学校已发展成为今天的清华附小。因此，清华附小也是我的母校。明年（2015年）就是清华附小建校一百周年了。它的发展历程、它的办学经验，值得我们好好回味，好好总结。

清华大学气象台

生物馆、化学馆、气象台、灰楼

老校河北方的巍巍气象台，建于1931年，为地学系气象学实习所设，初建时所有设备就已达到当时国际先进水平。

《清华暑期周刊》（1935年7、8期）有署名"人可"的文章：

> 台下是一片莽莽的草原，这片地素来没有加以人工整理，野草反倒恣意繁生，葱郁可喜。这草原还是unexplored，正需要兵丁去屯垦。我们已经年年在这片荒原上训练一批新军，是经过一年严格训练后只学了"开步走""枪上肩"的新军啊！

> 登上气象台向西远眺，触眼便是绵绵的西山。天气晴和时的西山是莹翠而明快，阴雨时的西山是灰蓝而淡郁，黄昏时的西山是黛紫而深沉，她真是一幅伟丽的动人心弦的彩画！

清华大学生物馆

　　气象台南隔溪对峙的生物馆，建于1930年，总面积约4 220平方米，是老清华生物学系和生物学研究所的所在地。余冠英说："你在图书馆为了听见啄木鸟朗朗的鼓声而悠然掩卷的次数一定不在少，至于在生物馆听到稻田里水禽相唤而神游研究室之外的事，更不用计了。"

　　春末夏初晚上,杨武之先生常携幼子沿小径散步到生物馆，在楼下生物标本室里指给孩子们看猴猴、耗耗。到了秋季，蓝蓝的天，朵朵白云，黄的树叶，红砖的科学馆、大礼堂……莘莘学子来自四方……

清华大学化学馆

　　在师生的眼中，生物馆是何等地玲珑可爱！"淡绿的头巾、浅红的下襦，不是象征一个风姿娟秀的少女吗？"而气象台北伫立的化学馆，又是何等地简单而硕大！"他象征着一个三十开外的健男，因为工作的苦辛，早已秃了顶了。"真是令人忍俊不禁。

　　"清华有的是回环叠层的土山，山里有的是苍松、老桧、藤、萝、竹、石以及人工设置的小亭和长椅。"余冠英先生回忆。

　　生物馆在新中国成立后曾经改为校医院，这片土山在我的回忆中有着别样的味道。

"淡湖色"的荷叶粥（外一篇）

"北京人过去善于利用鲜荷叶味道，最普通的就是熬粥时用鲜荷叶作锅盖，精白米粥熟后略显淡绿色，香味隽永。"

这段话出自邓云乡先生对老北京岁时风物的回顾。在《〈红楼梦〉与中国烹饪》里，他又管这种色调叫"淡湖色"，真是美极了的画梦诗境呵。巧的是，我小时候也喝过这种粥，是在生病的时候。那时的清华校医院在今天生物馆所在地，离一方椭圆形荷塘很近，那是朱自清先生脍炙人口的《荷塘月色》里吟咏的胜地，今称"荒岛"。湖心生青莽小洲，临水面塘。夏日里，这地方美得活像个五彩的梦：十里荷香、水波涟漪、绿柳拂波。纵横的曲径直通错落的山石、葱茏的花木。此时山光接着水光，高擎在密密荷叶上的红白莲婀娜多姿，开得极野，也极盛丽。

一次生病，由家长带着到校医院拿了药，回来时路过荷塘，正值盛暑，满池碧叶。大概是爸爸福至心灵，随手拾了一片，回家后熬了锅清新的荷叶粥。那是至今为止，我唯一一次品尝到荷叶粥的滋味，现在还记得那淡湖色的隽永呢。粥很香，融融的稠意中，含有极微的甜。上世纪70年代，精白米也不是易得的。南方人喜食米，可好米是定量供应的，只有在过节日或孩子生病才舍得吃。那一顿粥就此永留在我朦胧的记忆中了。它饱含父母的慈爱，风荷的隽香，也留下了那个时代的清华。

冰淇淋和宁波汤圆

清华大学西部，体育馆前，有一大片敞地，在上世纪二三十年代就辟为球场，四周是跑道。体育馆南邻，曾是校医室，现在已没多少人知道了。

有一位毕业于西南联大的老清华子弟虞佩曹回忆说，校医室聘用过一位总给孩子们吃蓖麻油的美国老大夫，叫La Force。虞佩曹的母亲请他吃宁波汤团。芯子是猪油加炒黄豆粉做的，很香甜，汤圆煮熟了芯子溶成液态，他特别喜欢吃，又弄不懂是怎么做的，竟问是不是用注射器打进去的。

抗战前，中产阶级、知识分子的生活，多是安定富足的。据邓云乡先生记载，当时一毛钱换四十六枚小铜元，即二十三枚大铜元，三大枚只合一分半左右，再加三大枚，合四分不到，就能吃一碗好馄饨，加一个"卧果儿"（鸡蛋）了。家里给一毛钱吃中饭，买上十个烫面饺，再买两个芝麻酱烧饼，还能剩下四大枚买邮票呢。

水磨粉是那样细腻，那样滑润，皮子又是那样薄，个儿却只只只有龙眼大；玫瑰猪油黑洋酥馅子……

这，是来自邓云乡先生笔下的宁波汤圆。原来是这般滑腻软糯的美点啊，难怪那美国人要提出如此令人忍俊不禁的问题！

为什么要说到这些呢？因为虞家是南方人。长期以来，南方经济繁荣、教育发达，老清华教员里，南方人实在多。后来的一任校医李纲先生，还做了老校长周诒春（寄梅）的大女婿。周先生也是南方人。李医生后来去了上海，成为著名五官科大夫。

清华二校门的西面，原来是警卫室，东面有一条小径，通往售品所。那是孩子最熟悉也最喜欢的地方，因为只有在这里才可以吃到冰淇淋。

看电影，是上世纪二三十年代清华最前卫的消遣。1930年代，售品公社内出售的冰淇淋，是一位孩子们最有好感的工友用手摇的；附近大礼堂假日放电影，也是他摇的放映机。那时，大礼堂放的是无声黑白电影，用的是手摇放映机。一场电影大约两个小时，中间休息一次。放电影的工友和摇冰淇淋的师傅，是同一个人。而吃冰淇淋和看电影，都是学生和孩子最喜欢的。

抗战前生活安定，物价便宜，加之不大理会养生之道，学生们竟能围着冰淇淋桶，你一杯我一杯地吃个底朝天，还"相顾着有万分的愉快"。真不知他们会不会闹肚子疼？好在清华有悠久的体育锻炼传统，吃完后到体育馆、网球场、跑道上来几下"斗牛""拖尸"，在外国参观者感叹的"这个使我想起非洲的野林"里来一场凶猛的比赛，自然就会消化殆尽了。

所以，邓云乡先生还在《消暑清供》中说：

当然，那时吃冰淇淋的人，也以新派人，尤其是青年学生为主。记得一位清华老校友，是我的表兄，"七七"之前，他在清华做学生，最爱吃成府街上小铺的冰淇淋。后来参加了革命，新中国成立后回到北京，见面第一件事，便是让我陪他去吃冰淇淋，可见北京冰淇淋是多么使得远人为之思念了。

看来这位表兄，又另有吃冰淇淋的宝地。而成府，又是哪里呢？它就在清华、燕京交界处，至今尚存。多年以来，都是一个非常宁静的小镇。

为什么当年的学生，要围着"冰淇淋桶"饕餮呢？这在今天吃惯了盒装、袋装冰淇淋的人，是难以想象的。还得引用邓先生类似"帝京景物略"的详尽记载了。这些叙述，颇有"白头宫女话当年"之慨：

冰淇淋的原料是鸡蛋、牛奶、淀粉、白糖，这些当时（指抗战前——笔者注）在北京都是极为便宜的。鸡蛋一元钱可买一百来个，白糖一百斤一包也只卖九元左右。摇一中桶冰淇淋，用上十个鸡蛋，一斤牛奶，半斤白糖足够了，再加淀粉浆，以及桶外用于冷却的冰和食盐，成本最多不过三毛多钱……

老式的自制冰淇淋法：一个大木桶，桶内放冰和盐，冰中间再放一个马口铁桶，铁盖上有孔，一根轴通下面，四周有叶片。轴上有平齿轮，摇把上有竖齿轮，两轮相交，一摇手柄，轴即带动叶片旋转……大约旋转三十分钟，桶中的鸡蛋等物，便被冻凝浑然一体，成为可口的冰淇淋了。

自然，那过程很是辛苦。

据说这师傅手臂上的肌肉很发达，一使劲会像球一样突起。多年以后，许多当年的孩童还会感激地怀念这位默默无名的普通劳动者。

灰楼已经拆除，其故地在现在的清华大学医学院，这是在校河边新建的清华大学学生文化活动中心

在阳光明媚的日子到气象台顶上登高望远或去附近的灰楼听琴练琴，是抗战后老清华人共同的精神享受。

1950年代初，两位即将毕业的外文系女学生壮志满怀地坐在盛夏暮色中生物馆高高的台阶上，望着馆前茂盛的灌木丛，面对空阔的四合，不远处山坡上悠然屹立的老气象台，啜着朱自清先生早就盛赞过的，从成府小镇燕京、清华交界处槐树街叫来的著名的茵陈莲花白酒，畅谈各自对生活的奇思妙想。艳丽的酒助了谈兴，谈话又成为佐酒的佳品。自由无边的谈话犀利而充满想象。她们就是日后的著名作家宗璞和社会科学院美国研究所所长资中筠。

似乎要为这难得的谈话助兴，不远处生物楼旁小河边的一排平房里，传出了阵阵缥缈的仙乐。

老清华有浓重的音乐氛围，有自己的音乐教育。上世纪二三十年代的清华，奉行智、德、体、美诸育并进的教育方针，而建校初期校园里就成立了业余音乐社团——"唱歌团"（Glee Club）。每年都定期在大礼堂举行音乐会，有时也到校外去演唱。改大学以后，特别是1930年代中期，学校的素质教育和美育教育相辅相成，校园内业余音乐活动更是丰富多彩。

抗战复员后自发的音乐茶座层出不穷，达到了新的高潮。也许，这种较战前清朗萧疏的校园气氛热闹得多的歌声、琴音，冥冥中和那个波澜壮阔大时代青年人涌动的纯洁的青春激情气求声应。

1940年代末，清华音乐室的活动中心就设在生物楼边的几间平房——"灰楼"里。那里有几间练琴房，房子和钢琴都很旧。还有一间大教室，合唱团、管弦乐队的练习都在那里，小型联欢音乐会也在那里举行过。据回忆，1949年新中国成立前的清华园内，有两支合唱队，一支是学生组织的"大家唱"，较偏重配合当时学生运动的鼓动，但水平很高，常演唱冼星海的合唱曲和苏联歌曲。那确是一段与抗战前相对宁静而自成一隅的清华不同的万马奔流、急剧变化的时期。宗璞《红豆》中"你唱我唱大家唱"的合唱队那气势磅礴的《黄河大合唱》前奏曲，会使本不食人间烟火的女学生江玫激动得喘不过气来。

与此并不矛盾的是，在新中国成立前这一段时间，音乐室还开设了提琴班、钢琴班、声乐班、和声作曲班、管弦乐队、军乐队、合唱团以及音乐欣赏讲座，都是围绕音乐教育展开的。

管弦乐队每星期练一个晚上。资中筠回忆：

> 大家都很认真，很少缺席迟到，开练之前各自练习或调音，咿呀之声闻于楼外。指挥面前有一张放谱子的小讲台，在练习当中动不动就用指挥棒当当当敲讲台，要大家停下来，指出问题，重来。我对这点印象很深，觉得真像那么回事儿似的。乐队成员绝大多数是工学院同学，而且几乎清一色的男性。除我之外只有一位女同学吹长笛的，她叫李天使，到下学期就离开了。我对这点有印象是因为那时校园相当荒凉，每次练习完从灰楼回静斋的路上空无一人，我先与她结伴同行，后来剩下我一个女生，每次总有男同学护送到宿舍。

钱锺书先生的女儿钱瑗、李广田先生的女儿李岫、浦江清先生的女儿浦汉明等都是抗战后新一代清华子弟中的音乐爱好者，常常到灰楼练琴。吴柳生先生的邻居是一个外籍女教师，在灰楼教钢琴，终日板着脸，李岫觉得她就是鲁迅先生说的"不准倒提鸡鸭"的一类外国人，和另一个外国人温特老头不一样。

温特是老清华著名的美籍教授，终生执教于中国，其影响力似乎与燕京的燕卜荪相类。

他教学生英诗和莎士比亚，终身未婚，和蔼慈祥，喜爱孩子，养了好多只猫和很多种类的鱼。他也是极有鉴赏力的音乐评论家，坐拥数不清的唱片，师生和小孩常到他家去玩，听唱片。用的大都是七十八转唱片，每次换唱片，他都用一个圆形的软刷子把唱片轻刷一遍，同时讲解几句。但他不是上课，不想灌输什么，宾主交流尽欢。

在当年的座上客的印象中，他也是绝对的欧洲古典派。浪漫主义时期以后的作品就不大入他的耳。宗璞和资中筠都记得他不喜欢柴可夫斯基，认为柴可夫斯基太感伤，太"cheap（廉价）！"也许，这位在中国生活了一辈子的老人，欣赏的恰是像中国古典文学里"哀而不伤，乐而不淫"的艺术品位。

有一次听肖邦，宗璞坐在屋外台阶上，月光透过掩映的花木照下来，忽然觉得肖邦很有些中国味道。后从《傅雷家书》中得知确实中国人适合弹肖邦。

宗璞最后一次见到温特是在北大校医院楼梯口，他当时已快一百岁了，坐在轮椅上，盖着一条毯子。他用英语对宗璞说："他们不让我出去！告诉他们，我要出去，到外面去！"宗璞找到护士说情。一位说，下雨呢，他不能出去。又一位说，就是不下雨，也不能去。"我只好回来婉转解释，他看住我，眼神十分悲伤。我不忍看，慌忙告别下楼去，一路蒙蒙细雨中，我偏偏仿佛听到柴可夫斯基第六交响曲中那段最哀伤的曲调。温特先生听见了什么，我无法问他。"

值得注意的是，到1950年，在灰楼里练西洋古典音乐与新中国成立后清华园的气氛就日益不协调了，队员有的离校参加工作，有的忙于学生会和团委会组织的各种活动，这种"象牙之塔"的音乐生活难以为继，到朝鲜战争爆发之后就无疾而终了。

不过，在校友们心中，清华大学，作为一所没有音乐系的大学，却出过许多音乐家。

清华音乐室负责人张肖虎先生对此有精辟的总结：

> 现在有一些专业院校，学生只学某种单项加一点理论课，这样是培养不出人才来的。反倒是清华出人才。出人才是要有条件的，一要有音乐环境，二要有好的学习风气、学习方法。学习面宽，全面发展，注重自由发展，这是一种科学的提法。自古以来这一类的原则是正确的。

这一片琴声咿呀的地方，永远是许多校友和子弟心中音乐启蒙的天堂。

清华大学大礼堂

四大建筑（大礼堂、图书馆、科学馆、体育馆）

坐落于校园西区中心地带的大礼堂始建于1917年9月，建成于1920年3月，与图书馆、科学馆、体育馆一起，同属校园内第二期建筑，合称"四大建筑"，建筑面积约1 840平方米，座位1 200个。当时在国内高等学校中，是最大的礼堂兼讲堂，可容纳全校一切人员聚会。（引自黄延复《清华园风物志》）

罗马风格的大礼堂美妙动人。紫铜的圆顶，红色的墙，白色的柱子和台阶，黄金色的门，色调映衬和谐。四围是高欲参天的松柏和洋槐。两边是直上云霄的旗杆，顶端各有一个金色的球，辉煌生光。从金属球里喷出来的清凉自来水是可以喝的。堂前是一块碧绿如茵的草地。在夏天，窗上的薜荔绿绸似的遮满大礼堂的全身，风来，薜荔波浪般地摇动。

在建成时，大礼堂两旁是两条永不扬尘的土路，独特的风致倒成为桀骜不驯的学生们的最爱。这儿的树特别整齐美丽，月明之夜，总会有学生在树影中徘徊。

大礼堂里轻细的歌声，随风吹来。月光照着西边的荷塘，溪流中有天心的云影。

讲台两边的角楼常有音乐声，有人练习乐器。黄昏时候，礼堂内常常放出曼妙的音乐，那抑扬缥缈的音波，更美化了这一片天地。

若是遇到了例行盛典——迎新送旧、志喜、贺年——树梢枝尾，挂着千盏万盏的灯，好一比天上的星星。礼堂楼上看台的下端便由紫白两色相间的布幔，波浪形地装饰起来。真是难以想象的盛大光华。

看电影自然是当年最前卫的消遣。1930年代，西大门南侧合作社——售品公社内出售的冰淇淋，是一位孩子们最有好感的工友用手摇的；大礼堂假日放电影也是他摇的放映机。而冰淇淋和看电影都是学生和孩子最喜欢的。

那时放的是无声黑白电影，用的是手摇放映机。碰上和燕京赛球的日子，放电影前还有幻灯漫画。

以下的《清华优胜歌》（*Cheer for old Tsing Hua*），大概就是当年看赛球的幻灯漫画前，这些清华意识极强的孩子天真地高唱的歌曲吧：

Cheer for old Tsing Hua, Tsing Hua must win.

Fight to the finish, never give in.

清华大学大礼堂

You do your best, boys, we'll do the rest, boys.

Fight for the victory, RHA, RHA, RHA!

欢呼我清华，清华必胜；

再接再厉兮，无退有进。

君尽全力兮，子图未竟功，

同心同力以争雄，攻，攻，攻！

　　在抗战前，优越的生活环境和可靠的留学保证，以及广受社会的优待，使清华学生于繁重的课业之余，不免生发"人生苦短，及时行乐"的想法。一星期的劳碌后，到了星期六晚上，嚼着巧克力糖，观看大礼堂电影场中嘉宝、费雯丽等明星出演的世界名片，确是莫大的享受。但散场后，往往遍地橘皮糖纸，又诚为瑜中之瑕。校役打扫大礼堂时，不禁垂涎三尺，悠然神往地羡慕清华学生之善于自娱！在同一社会中，人生境遇迥殊。当年的学生，后来的文学家余上沅以《清华学生与"饮食男女"》为题，将此社会普遍现象不加褒贬地记录了下来。

说到大礼堂的演出，那就更不胜枚举了。管弦乐、昆曲、话剧、活报剧，专业团体的，师生业余而为的……贯穿着清华的历史，一直延续至今。

位于大礼堂东北方的大图书馆，始建于1916年4月，建成于1919年3月。在那个时代，就能于如此宏丽的，使人叹为观止的建筑里浏览群书，兴好学之思，不能不令人艳羡这些天之骄子。

在那些纷纭的回忆中，这大礼堂后的小桥旁，那缠绕着常春藤，一字儿排开的碧瓦红砖的洋式建筑里，有金色的铜门、白色的台阶、云状的大理石墙壁、著名的半透明的玻璃地板、阅览室里人手一盏的台灯、1922级同学毕业时献给母校的样式古朴的铜质喷水塔，当然，还有辛勤的员工、丰富的藏书……

"里面有人类有史以来活动的总成绩，有千百个开矿的工人。"一个当年的学生百感交集地总结道。

难怪这里成为许多卓越人生的美好起点。

曹禺先生写过这样的文字：

> 我怀念清华大学的图书馆。时常在我怎样想都是一片糊涂账的时候，感谢一位姓金的管理员允许我，进书库随意浏览看不尽的书籍和画册。我逐渐把人物的性

清华大学老图书馆旧影

格与语言的特有风味揣摩清楚。我感激"水木清华"这
美妙无比大花园里的花花草草。在想到头痛欲裂的时
候，我走出图书馆才觉出春风、杨柳、浅溪、白石、水
波上浮荡的黄嘴雏鸭，感到韶华青春，自由的气息迎面
而来。奇怪，有时写得太舒畅了，又要跑出图书馆，爬
上不远的土坡，在清凉的绿草上躺着，呆望着蓝天白
云，一回头又张望暮霭中忽而紫青忽而粉红的远山石
塔，在迷雾中消失。我像个在比赛前的运动员，那样忙
迫紧张，从清晨赶进图书馆，坐在杂志室一个固定的位
置上，一直写到夜晚10时闭馆的时候，才怏怏走出。夏
风吹拂柳条唰唰地抚摸着我的脸，酷暑的蝉声聒噪个不

停，我一点觉不出。人像是沉浸在《雷雨》里。我奔到
体育馆草地上的喷泉，喝足了玉泉山引来的泉水，我才
知道我一天没有喝水。

每日图书馆开门以前，很多同学就已等着；关门时候，很多同学还懒得离去。念完了一本书，往往饭量大增，要跑到食堂狼吞虎咽；有钱的，还可拉上三五友好，到二校门旁的售品所大嚼。

图书馆及周围杨柳摇曳、青藤缥缈，环境自然也是极优美的。红墙从暮春到初冬，遍生着的爬山虎，从平绿如毡，到满墙飘丹，红于枫叶，非常悦目。进了门，那大理石的墙柱和台阶，辉煌炫耀，夺目凝神。

图书馆内著名的玻璃地板是半透明的，"让人觉得像是走在湖水上，也像是走在云彩上。真是祥云缭绕了"。（宗璞）

和大学生们不同的是，宗璞他们对图书馆的回忆是从春风化雨的童年就开始的。

上小学时学会骑车，有时由哥哥带着坐大梁，有时自己骑，当时校中人不多，路上清静，慢慢地骑着车左顾右盼很是惬意。我们从大礼堂东边绕过去，到图书馆前下车，走上台阶，再跑下来，再继续骑，算是过了一座桥。我们仰头再仰头，看这座"桥"和上面的楼顶。楼顶似乎紧接着天上的云彩。云彩大都简单，一两笔白色而已，但却使整个建筑显得丰富。多么高大，多么好看。这印象还留在我心底。

梁思成素描，1922级喷水塔

　　我们还从楼下的饮水管中，吸满一口水，飞快地
跑到楼梯顶往下吐。就听见水落地"啪"的一声，觉
得真有趣。我们想笑却不敢笑，这样的活动从来没有
被人发现。

　　孩子们对这威武堂皇的知识殿堂有着极欲亲近的感情。一
次，体育教授马约翰先生著名的"四对儿女"玩得兴起，小的几个
大声闯进图书馆里寻兄姐，被管理员截住训诫一番，结果哥哥们还

清华大学图书馆正门

被马先生打了手掌。

　　总是笑容可掬的唐贯方先生和文学造诣很深的毕树棠先生是为图书馆服务终生、不离不弃的资深老馆员。耳濡目染的熏陶使得唐先生的儿子唐绍明后来也从事着这和唐家结下不解之缘的图书馆工作，他成为北京图书馆的常务副馆长。

　　图书馆主任潘光旦先生主张学校图书馆购书以适用为主，不存偏见，不究版本，不专收买太贵的学生不常用的专书；汇集万象，穷究百家，但专事宣传且富于单方面引诱性之小册，将不予陈诸大雅之堂。

　　"七七"事变开始后，美好的学习环境被彻底摧毁。学校南迁的图书大部分在重庆北碚被日机炸毁，只有20 000余册急需之图书辗转运至昆明，以后又新增中西文书籍4 800余册。在战时十分困难的条件下，这批图书是西南联大各系及清华各研究所教学和研究用书的一个重要来源。经全馆人员之努力，至1947年4月，馆藏图书数量已恢复大半，至1948年4月已大体恢复战前水平，有中日文书籍219 436册（战前216 043册）、西文书籍92 615册（战前64 064册）。（潘乃穆提供）

1948年入学的资中筠有过一段著名的、含义甚深的回忆：

> 有一次，不记得是在什么场合，潘先生在学生集会上讲话，其中说到他抽查了一下图书借出情况，发现最多的是"中文—白话—小说"（他说时每个词都顿一下，加重语气），说明现在学生有多懒，光看小说不说，连文言、外文的都不看，怎么得了。他讲这话时很激动。

在1940年代末，清华园像中国的其他校园一样，充满着"反饥饿，反内战"的呼喊和"你唱，我唱，大家唱"的歌声。不过在图书馆内，仍然是永远令人心灵沉静的书海。

阅览室共两个，南北两端，一大一小。四壁图书，各种杂志，有许多"与时俱新"的杂志常常供给各种运动新闻、世界大事的记载等；还有画报多种，自王公总统之举动到优伶俱有报告。

有的人喜欢小阅览室，如翻译家文洁若。灯光较亮，环境也较幽静。宗璞则最喜欢那大阅览室。虽然抗战前人手一盏台灯的盛况已永不再，但比起战时艰苦的学习环境来，仍是天壤之别。这里非常安静，只有轻微地翻书页的声音。几个大字典永远是打开的，不时有人翻阅。常客一般都有自己相对固定的座位。宗璞总是坐在最里面的一张桌上。因为出入都要走一段路，就可以让自己多坐一会儿。

而对宗璞的师姐、翻译家文洁若来说，除了上课、一日三餐和睡觉，只要图书馆不关门，她必然坐在里面，徜徉于书海之间。图书馆前面紫色的花——清华的校花紫荆，在她心底也是一个极具代表性的意象。因为她保存了半个世纪的那枚校徽，就以接近蓝的紫为底色，"清华"二字则是白的。当时外国语文学系流行着一首英文歌，文洁若至今仍记得两句：

O, Tsinghua, Fair Tsinghua,our college bright,

啊，清华，美丽的清华，我校光明远正，

May we be loyal to the purple and the white.

我们会忠于紫与白。

外文系的才子才女甚多，后来大都在各自领域成为大家。当然学生也按思想倾向分为不同派别。虽然已经经历过抗战期间的艰苦生活，但总体来说，文学院院长冯友兰的女儿宗璞、曾国藩的曾外孙女聂崇厚及资中筠等女生都仍过着如《红豆》中描写的夹竹桃一般洁身自好、与世无争的精神生活，属于进步学生"争取"的对象。而在校时的文洁若，亦和当时许多同学中的大家闺秀一样，只爱读书、弹琴，过着修女般幽绝自得的生活，不善于交际应酬，甚至跟同屋的女生都没怎么聊过。虽然被动员参加过一次游行，但因志向不同，她萦萦所系的，还是图书馆里那些19世纪的英国文学作品。

图书馆不但是兴学好思的场所，也是1940年代末的学生地下党员们开展工作的掩护所。宗璞的同学、成绩优异的地下党员金凤就是在这里用一支钢笔和上级彭珮云接上了组织关系；文洁若有一次到图书馆地下室去上厕所，碰见同班同学、才子查汝强和一位姓盛的女同学在走廊僻静的一角商量着什么。"显然不是谈功课，而是与运动有关的事。"

这些纯洁的热血青年，就像1930年代抗战风云中的蒋南翔、韦君宜、陆璀一样，牺牲了似锦的学术前程、卿卿我我的花前月下甚至宝贵的生命，义无反顾地投入政治运动的洪流，确实给予师生一种强烈的精神震撼。

四年级的学生因为要写毕业论文，才开始享受入书库的特权。

屈指西风几时来，又不道流年暗中偷换。当年的莘莘学子，如今早已成卓然大家。至今清华大学图书馆的特藏室仍保留着许多上世纪三四十年代学生高水准的毕业论文。宗璞的英文论文《论哈代》就是在那里发现的。当然，他们更多的学术著作也已陈列在了母校的书库中。令昔日学子高山仰止的大书库，如今成为后生新的景仰之地。馨香百代，无穷尽也。

大礼堂西面是科学馆，绿萝满墙。科学馆，建于1917—1920年，总面积3 550平方米。

科学馆分三层，最底层是各种办公室，第二层是物理和生物教室，还有一个202号，是听无线电音乐的地方。第三层弥漫着硫化氢

清华大学物理系师生1936年于科学馆

气味。但仍有许多师生与酒精灯结不解之缘，大有终老于斯之概。

　　这张物理系师生1936年于科学馆前的合影，时至今日仍清晰可辨。站在第二排的是清华物理系、亦即中国物理界的泰斗级人士：吴有训、叶企孙、周培源……当时尚处于风华正茂的壮年。簇拥着老师的十数位物理系学子熊大缜、杨镇邦等，皆为青年才俊。还有三位身穿棉袍的女生，面露自豪之色，立于队伍的最前排。

　　教授们儒雅、尊严中透出平易近人的亲切，学生们英姿勃发，如玉树临风。然而每个在场者的眉宇间都若隐若现地透露出挥之不去的沉郁和忧思。这和当时"举步荆榛，极目烟尘"的时代背景紧密相关。一年后，抗战全面爆发。我们从历史记述中得知，大部分师生历尽艰辛，奔赴大后方砥砺精神，继续文明的薪传；其中

清华大学科学馆

一些人随后放弃学业参与"西征"，用自己的所学协助入华参战的美军驱逐盘踞于西南边境的日寇；还有热血青年留在平津直接参与了根据地的抗日斗争，以研制炸药来为国尽力。虽然他们在民族的大灾难中各自东西，有的还永远地留在了那片热土，无缘在抗战胜利后重于神圣的科学馆前聚首，但都以艰难岁月中铁骨铮铮的行动证明：自己无愧于炎黄子孙的神圣称号，无愧于清华人的荣誉。

名师人人华顶松，诸生个个春前柳。（吴宓先生语）六十多年已逝，科学馆依然沉静肃立于水木清华，送走了一批又一批学成离去的骄子。它目睹了多少历史的变迁。这张已发黄的照片所记载的，就是其中的一段精神，这精神仍令今人心驰神往。虽然还是一份时下流行的怀旧情结，却熏染着清远的荷香、严谨的书香，以及未被岁月之涛冲淡的烽火留痕。

在这张照片中，彼时的叶企孙教授（二排第三人）与爱徒熊大缜（四排第五人）尤具挽狂澜于既倒的气概和一往无前的神采，似乎绝对未察觉到那已悬在头顶的民族及个人命运的达摩克利斯之剑，不禁令人扼腕叹息。他们总令我联想到《南渡记》中的孟弗之与卫葑。不知宗璞先生在创作这部以老清华人为原型的鸿篇巨制时，是否亦想到了这情同父子的师生？

正如小说中的孟弗之，叶企孙先生生于乱世，满腹经纶，独善其身，钻研学问。平日里，他关心国事，然而清高耿直的个性又使之对政治敬而远之。抗战之前，他只是埋头于书斋，做一个好教师，然而，当抗战烽火在中华大地上燃起时，他心中那种中国知识分子传统的爱国情怀立刻被极强烈地调动了起来。在民族生死的关头，他不再当出世的隐士，而成为入世的鼓手。叶企孙及大多数同人不但日日忧心战况，而且积极利用自己的影响支持抗战。当华北沦陷之时，他们又毅然离开心爱的书斋，与自己的学生一起辗转千万里奔赴云南继续延续祖国的教育事业。而他对华北抗日根据地炸药研制的全力支援，更是彪炳史册。

而作家笔下的卫葑，正如叶企孙教授的爱徒熊大缜：学物理的高才生，出身世家，也曾有过"用花团锦簇形容还嫌不够"的辉煌道路：大学毕业，出国留学，回来当教授……这条路，是大多数中国知识分子一贯追求的道路。但在民族危难深重的时刻，他毅然舍弃了个人的利益，奔赴抗战根据地，用自己所掌握的尖端科技，研制炸药，为抗战出力。然而，他的道路却艰难、曲折。

清华大学老体育馆旧影

　　"你从新大楼携着书走出来，有时自会觉得心里一动：'怎么啦？'原来那体育馆遮而不住的一角青山蓦然跳到你的眼里来了。"——余冠英先生回忆。

　　清华有着悠久的体育运动传统。在课余，运动场上，点缀着不少活泼的青年。"在设备完美的体育馆里，庞大宽阔的运动场上，精神焕发，体态活泼，游罢两浴，快意万分——这些不过是清华学生日常课暇的消遣。"（顾毓琇先生语）

　　清华体育馆，有着极丰富的历史和文化价值，是历代校友最向往和怀念的对象之一。几十年来，它曾不断地会聚着我国体育界的精粹，为祖国培养了数以万计的体魄健全的人才。我国体育先驱马约翰以及李剑秋、郝更生、夏翔、牟作云、马启伟……曾在这里长

马约翰先生像

期任教；董守义、高梓、张汇兰等也曾在这里与马约翰一起举办过
多次体育师资训练学校。

体育馆前馆建于1916—1919年，外表采用西方古典形式，馆前
有陶立式花岗岩柱廊。后馆建于1931—1932年，与前馆巧妙相接，
亦收浑然一体之效。总建筑面积共约4 000平方米。（引自黄延复
《清华园风物志》）

体育馆前有一大片敞地辟为球场，四周有跑道，中间是足球
场。体育馆南邻曾是校医室。宗璞作品中几次亦庄亦谐地提到一位
校医常常诊断出斑疹伤寒病来，治疗方法却是静卧和吃流食。

如果在运动中受了轻伤，住院是最愉悦的事情。平常上课
时，同学们一天到晚，不息地忙碌着，在医院却大大不同了。尽量

清华大学老体育馆

地睡觉，尽量地休息，看书吃饭，怡然自乐。稀饭鸡汤杏仁茶之外，有豆浆有牛奶有面包鸡蛋。吃了还嫌不够呢，再加馒头。但最可怕的是得了传染病，肺病、白喉、猩红热等，在当年不啻不治之症。病人要关到独自一个人住的特别病房去，同宿舍的人们还有隔离起来强迫住医院的危险。在医学不发达的20世纪前期，医院门口常常停放着"赍志以殁"的同学们的灵柩，令人神伤。

清华园的孩子常常来赛场看球赛。清华的棒球队穿着镶紫色条纹的白色运动服，戴着紫色遮阳的白棒球帽。白和紫两色是清华校徽的颜色，队员个个雄赳赳气昂昂。马约翰先生还让他的两个孩子启华、启伟，穿同样的队服，排在前面出场。孩子们看见真是羡慕极了。

那时的孩子也是不折不扣的"追星族"。他们心目中的"英雄"是熊大缜和汤佩松，因为他们都获得过honour wear的荣誉，品学兼优，体育运动超群。他们身穿白色毛线织的厚运动服，左胸前有紫色校徽，在印刷精美的清华年刊里各占一大页。

清华大学有重视体育锻炼的悠久传统。下午4点以后，是自由运动的时候，上完了课到操场上踢足球，天气纵冷，穿着背心短裤，也是精神百倍。冬天的足球、篮球，春天的网球、棒球，田径运动以及四季不断的手球轮番表演。外文系教授陈福田先生喜练棒球。他虎吼一声"Left fielder"，半空中紧随着便飞下一颗大流星。

在1927年《清华周刊》514、515期上，一位名"雍光"者对体育馆有如下生动描述：

> 真是有声有色。何以叫做有声？你未到体育馆，老远就听见杀声震耳，那跑来跑去的脚步声，也如惊蛰春雷、忽东忽西。到了健身房则以前听得的声音自然是加倍的响，此外还听得拉铁坠的，在楼下跑圈练跑的，转木棍的，摇桨的种种声音。那打球的人大声叫Pass，pass……，或叫别人的外号，如马胡子，猴子之类者，更为有趣。何以叫做有色？一到秋深，你就可以看见各式各样的毛衣，红、绿、紫、黄、白、黑，如同开了染货铺一样。热天则有不同颜色的背心短裤，或竟有人学那许褚裸战马超的故事，光着上身露出一身赤铜色的好肉。

你初看那些打篮球的人，简直是一团胳膊一团腿，如林中树枝一般，满目都是，不过能移动而已。再看有如潮水，一来一往，忽南忽北，那一个球就像可移的太阳，在潮头上飘来飘去，大家形成了一副"海朝阳"的图画。这些怒潮大概都是能征惯战的宿将，他们那大无畏的精神，疾如风的速度，天然使他们在千军万马中，奔腾跳掷，如入无人之境。可是对方的"守卫"，大概是"非凡品"。他们那抢球的手段、护篮的妙术，颇足令人绝羡。

因为打球的人又多，又无所谓罚球，非筋力大而技术精，鲜有不"落伍者也"。某次有个外国人来参观，引导者问他感想如何？他说："这个使我想起非洲的野林。"体育馆健身房中生活之凶猛，有如是者。但度惯此种生活既于身体有益，且能养成奋斗的精神，此不能否认者也。

体育馆南边楼上是技击部，也是一个很有趣的地方。每天下午也有人在这里边练习，他们或打拳，或舞剑。长枪大戟、木棍双刀，都有人练。导师李剑秋先生，除正课以外，每礼拜尽义务指导两次，共费四五个小时，毫无倦容，而部员亦殷殷学习。他们的品类至为复杂，"西洋大力士"、篮球大将、研究院的学生、诗人、老先生，都有。杆棒相打之声，亦可以遥遥闻之。

到体育馆多半是夏天去游泳，但也有例外。那时军阀混战，有

几次听说"兵变"了，散兵来了，把住在校园外面的人们集中到体育馆来过夜。热热闹闹睡在健身垫上，本应该是很好玩的事，但大人们紧张的神情，命令小声说话的语气，使得孩子们虽不懂是怎么回事，却也知道害怕，毫无乐趣，乖乖地睡了。

体育馆后曾是一连十几所球场，每天早晚都有学生来打球。学生中的阔少不少，惯会享福，讨厌了自己捡球，雇群乡下孩子来拾球，每点钟，给他几十枚糕饼钱。在当时的校刊上，有人对此进行了嘲讽。

20世纪30年代风云突变，偌大的中国已经放不下一张平静的书桌。渐渐地，除了激进的学运中坚，普通学生也自然有所触动。一位名"敬梓"的学生借"新老残游记"的外壳，抒发了心中块垒：

> 到了铁艺馆近旁，原来有个大草场，正有两个号兵，站在那里似有所待。老残私忖铁艺馆这名目，当是习武之所，只听得里边咚咚作声，大概有人在里头练习功夫了。号兵又吹起来，瞬目之际，大草场上聚拢百十多个小伙子，个个短绒衣穿着，有的正是从铁艺馆里跳将出来的，这时铁艺馆里也无声响了。在这些小伙子前头，却有一个老人，头发白白的，但要看颜面，倒与这些小伙子一般的精神饱满，就像生龙活虎似的，该是教练了。一会儿，大家都肃然起来，号兵吹起来，大家都悄悄地慢慢仰着头，只见一面好看的国旗向上升，个个眉飞眼舞，看着国旗升在最高处。大家的欣喜的神情，还未收敛，号声停了，老教练唱了一声，大家一齐练习

操法。老残虽是文人，不曾习过什么武艺，但见却见得不少，当时看了这般铁似的功夫，心想中国未始无望。大家操了半个时辰，又聚在旗杆下齐声大喊，喊的是：杀尽倭寇！万岁中华！那声音震动天地，在悲壮之中，有气吞山河之概。老残想起倭寇欺辱中国，何止百次，心中怒火，便压也压不住，见这般小伙子如此激昂奋发，又痛快得两眼热泪夺目而出，再看那飘摇中的国旗，便有无限感慨。老残也不自主地离开大草场，走近雪压盖的小溪时，忽有几声传来，原来是达理堂有人习琴。老残暗想清华园这点朝气，大家都是鸡鸣而起的孜孜的干这干那，在旁处还没有见过。

最后一句，似尤有深意。

清华大学照澜院（南院）清晨

人文气息
与
私家住宅

1920、1930年代，军阀混战，民不聊生，而这时期的清华生活，却是相对平静的黄金时期。杨振宁先生回忆："二三十年代的中国社会相当混乱，但清华园却是'世外桃源'，我们的确过了八年幸福而又安定的生活。"宗璞先生也说："我常说父亲和母亲的分工有点像古希腊。在父母那时代，先生专心做学问，太太操劳家务，使无后顾之忧，是常见的。应该说，他们完成了上帝的愿望。"马约翰、李广诚、赵元任等先生的家庭都是不仅和睦、亲切而且很有趣的家庭。

清华园教授们的太太，有些是比较旧式的妇女，有的还是裹足又放的，她们在所处的环境里好学而不保守，知书识礼，待人亲切热情。如虞佩曹的母亲，"是并不漂亮的旧式女子，父亲对她诚笃忠实与信赖，并帮助她进步提高。他们终生至亲至爱，我们从未见过他们争吵。许多小朋友羡慕我们的和睦家庭，我想这也是清华的传统"。一天，清华园出名的威廉特尔式的猎手陈达先生去西山打猎，丰收而归，送来鹿肉，虞家的姐妹们不失时机地把父亲打一只臭鸟花了多少时间的事再一次重提。

闻一多先生之子，画家闻立鹏回忆：

> 父亲曾说过要"诗化"家庭。他给挚友饶孟侃的信说："今夜为内子授诗，课毕稍暇，因拂笺急书数语奉上，以释悬念。"给梁实秋信中也说："……暇时则课弟妹细君及诸侄以诗；将欲'诗化'吾家庭也。"
>
> 在昆明乡下，他常靠在床前的枕头上，听孩子们背诵《春江花月夜》，背诵《长恨歌》《琵琶行》。那

赵元任与大女儿如兰

时，孩子们正准备到城里上联大附中，其实对诗的内涵
并不能真正理解，但那长诗的优美音韵和深邃的意境，
却至今久久不能忘怀，无形中培育了他们身上的"艺术
细胞"。

有些太太则具备较高的文化程度，如赵元任夫人杨步伟。1930
年代后结婚的教授夫人中，相当多人还在国外读过书。但因种种原
因，清华有夫妻不同校的规定，清华对师资条件要求高，做教师既
不够格，做一般职员又不甘心，加之她们经济条件优裕，受外国习
俗影响，等等，所以她们大都甘愿在家里做贤内助。

这些身披白纱的新式婚姻的女主角，大多有着传奇式的美
丽，然而并非令人目眩神迷，是既中庸、典雅，又坚强沉静的中国

周培源一家

女性传统意义上的美。

　　1932年6月18日，潇洒英俊的周培源先生和清丽脱俗的王蒂澂女士在北京欧美同学会举行隆重婚礼。几十年后，耄耋之年的王蒂澂还经常向小女儿周如苹津津有味地回忆说，结婚那天（可周培源先生非更正说是照结婚照那天）看热闹的人特别多，尤其是小孩子们一边追着跑，还一边说新娘子真漂亮，新郎真潇洒，每每说到此他俩都笑得合不拢嘴。婚礼是请清华大学校长梅贻琦做证婚人，当司仪宣布婚礼开始时，梅先生说："呵呵，现在我宣布周培源女士和王蒂澂先生，呵呵不不，是周培源先生和王蒂澂女士……"全场哄堂大笑。事后王蒂澂说这是梅先生的幽默，而周培源非说是梅先生老糊涂。他们婚后住在清华园，曹禺先生和季羡林先生都说过那时他们这些青年学生经常看见周培源伉俪出入清华园。曹禺先生曾告诉周如苹说因为她妈妈是个美人，所以他们经常在后面追着看。

这样的生活完美无缺，确是神仙眷侣的日子。

宗璞先生在小说《南渡记》中描写过"七七"事变前清华的教授生活："清晨，随着夏日的朝阳最先来到的，是送冰人。冰块取自冬天的河湖，在冰窖里贮存到夏，再一块块送到用户家中。冰车是驴拉的，用油布和棉被捂得严严实实，可还从缝里直冒水气，小驴就这么腾云驾雾似的走了一家又一家。送冰人用铁夹子和草绳把冰从车上搬到室外，最后抱到冰箱里。接踵而来的是送牛奶的。再往下是一家名叫如意馆菜店的伙计。"

书中教授的雅致宽敞的家庭和亲戚家豪华的婚礼，打扮得仙女一样的新娘，温柔典雅的教授夫人，又华贵讲究又书香气十足的教授夫人娘家，让上世纪80年代韦君宜已39岁当了副教授的女儿提出问题："那时候，一个大学教授能这么有钱吗，还用厨子、花匠？"于是，韦君宜就像给小孩讲古一样，给她讲那时一个教授家里用厨子是必需的，另外用两三个男工或女佣也平常。至于教授夫人娘家，既然从前是同盟会员又当过国会议员，住着里外四进的大宅门，更不稀罕。教授坐私人汽车，她没有见，但是也可能。

可惜我的腿坏了，不然我非得领她去看看这类的住宅，哪儿该是卧室，哪儿该是书斋，哪儿该是起居室，哪儿该是客厅……北平那时尽管快失守了，我们这些"一二·九"学生在拼命喊口号救亡，可是北平真美！你们没见过！

我们是成千论百唱着流亡曲蜂拥离开北平的，实在是忘不了一九三七年以前的北平，就如我自己忘不了一九三七年我的母亲一样。

那时候，这些当年的教授子弟、北平人，有他们的真实的爱国心，他们的亡国恨，经历了艰危，也知道有共产党。因为在北方，也知道有"一二·九"。但是大多数人那时并不知道红军有多大力量，更不知道毛泽东。

总之，在抗战前做学问短暂的黄金时代，先生们只顾做学问，没有后顾之忧，家庭生活和睦融洽，没有听到过争吵之声。到了夏天的傍晚，常常全家出门散步，走出南院、西院，在校园的林中小径相互问候致意。

而围墙外的中国社会，确乎是另一个世界。清华园里过着优裕生活的学者和学生们，对此也并非一无所知。他们中的许多人，也曾尽力为那些得不到受教育机会的人群呼吁和进行培训。比如当时清华、燕京旁边免费开办的平民学校。

教小孩子的学生，真有热心得把小孩子带到自己的寝室来睡的。教校役的也不少。校役很多愿意读英文的，英文教员也就大开其速成班。平民图书室同车驴夫阅览所是学生同听差共同管理，因此他们也可以尝试些实行平等的共同生活。这在今天的大学校园，亦是极罕见的举动。

另外，去过黄泛区的同学们都忘不了灾区的生活。

但是，虽然学者们的生活水准同那些军阀、官僚、大商人不可同日而语，但深受普罗思潮影响的进步学生，在百无禁忌的校刊上，还是做了这样并无恶意的揶揄：

　　每天清晨，太阳的金辉，罩上了园林，就有十五六辆摇篮车，从教授家里推出来到大礼堂前边。保姆们嘴里唱着歌儿，摇篮车里的小孩，对着晶莹的青天涌出微笑涡。这些孩子，比安琪儿还幸福，他们是根据人种学家的研究心得来抚养成的。早上喂他三两四钱五分重的牛乳，中午三两六钱七分，晚上四两零半分，温度在摄氏表三十三度三。冬天的卧房上下，是半透明的乳色玻璃，让太阳光射进来，并且用科学方法使室内常保持十七度七七七的气温。这些是新中国最有希望的小国民，将来他们的体力智力可以增加五点五四倍。你们来时，大概会看到园外路旁溪畔的露形的男孩女孩儿吧。他们冬天在垃圾堆里捡着煤烬，拿回来可以烧火；夏天在污泥里玩，大人们永不管他们，身上常是满身脏，永不知什么叫快活。［海莺：《阿丽思姑娘清华园漫游记》，清华校刊《暑期周刊》34－8期（1934年）］

　　这些不无夸张的描述，却真实地体现出老清华人的民主思想。不过，到了抗战时期，在艰苦的大后方，这种象牙塔里衣食无虞的生活就彻底结束了。当时，梅贻琦校长夫人与袁复礼、潘光旦教授夫人等共制糯米糕"定胜糕"以换取微薄利润养家糊口的故事，至今为人所乐道。

　　中国妇女柔软到极点又坚强到极点的特殊精神，在这些于抗战时期与国家民族共同经历天翻地覆变化的知识型家庭妇女身上，也有着淋漓尽致的体现。如地质学家冯景兰先生之女冯钟芸教授记

梅贻琦故居

述："抗战时期在昆明的生活是艰苦的。物价飞涨，薪金有限，能维持八口之家安然度过，确实不易。这时期我们的衣服、鞋子，往往是母亲亲手缝制，无形中教育了我们要勤劳、节俭。父母把孩子送到返校的路口，然后徒步返城。那是一个天气稍热的初夏，木香花已经盛开。父母亲神采奕奕，他们对大自然是热爱的、默契的。"

抗战后，清华园已满目疮痍，物是人非。抗战前那些在萤火边玩打日本鬼子游戏的孩子也都长大了，许多人结婚、工作，分赴祖国各地，有些甚至已身在异国。被破坏的家园可以重建，可那些流逝的岁月、心境已经永远回不去了。新一代的孩子，又成长起来了。

好在还有影像记录。不少颇富人情味的家庭旧照都摄于抗战前的住宅，轻松、雅致、温馨，像夹竹桃般与乱世隔绝。背景多为花木扶疏的旧式庭院，或是陈设着西洋乐器的现代家居。这两者在老清华是并不矛盾的，甚至有机地融为了一体。许多照片都生动地体现出特定历史时期知识分子家庭的特点。

唐绍明先生回忆道："抗战以前，清华园主要有四片住宅区。一是北院，一是西院，一是旧南院（以前叫南院），一是新南院。"不少人家都住过不止一个地区，但南院似乎是战前几乎所有人都曾住过的地方，可见它的重要。如梅贻琦先生先住南院，从美国回来后搬至甲所；冯友兰先生也是先住南院，后搬至乙所；俞平伯先生在新、旧南院都住过；朱自清先生战前曾住南院单身宿舍，后至西院，战后住北院；陈寅恪先生1932 年左右从南院搬到新西院，1952年住在南院几十年的唐贯方先生一家迁往陈先生旧居；闻一多先生住过西院和当时还非常漂亮的新南院（新林院）……抗战复员后，学校为几处较新的幽静住宅区起了有些仙风道骨的名字：胜因院、普吉院，其实是为了纪念云南八年的生活。陈岱孙先生战前住北院，战后迁至新南院；老清华著名的外籍教授温特先住北院，战后至新修的胜因院；李广田先生在胜因院和新林院都住过……

可以说，这些大大小小的住宅区，共同见证着中国20世纪的教育史、科学史和文化史。

而今，这些老人们记忆中的乐园，似乎是精细中透着轻疏，淡得看不清人物的眉眼的浮世绘，那颜色已渐渐褪了，融入砖缝的微隙中，随微风摇摆，似乎也要随着这有些神秘之气的破旧安宁的小院消失于历史长河之中了。

清华大学新林院

清华的房，清华的路

水木千年长清华，云是先朝故侯家。

（吴宓先生语）

住在清华园里面，和住在欧洲小城的感觉是近似的。

宁静的清华居民区有一些这样的老房子，它们被路边朴素的树丛掩映着，是门漆斑驳的新林院、胜因院、南院……寒风拂过，萧萧细竹在窗上投下倒影。

20世纪80年代后，更多见的则是单元楼。最动人的要数那些靠着围墙的最边远处的窗子，一楼被连绵的爬山虎遮得像深山古洞，从里面传出婉转的歌声，射出幽幽的灯光。

一楼的住户们，皆于南窗前结篱为围，手植花木成畦，从野草绕阶的阳台直通斜倚的篱笆。富于情趣的家庭，还用碎石子拼出修长的花径。春夏秋三季篱上色调丰富，到处是连绵的锦绣和屏障。

这些牵藤引蔓的花，是极易成活的。风起时，楼角路边泛动着紫白的波澜。太阳一高，花就收了。

放眼望去，远近一片深绿、浅绿、老绿、嫩绿。浓郁的幽香呀，飘入那绿叶明秀的窗口里。

窗户后面的人们，又在做些什么呢？

单元楼间植了树木花草。在地缝碎石的间隙，一丛丛顽强旺盛的青草于朝阳处发散蓬勃的馨香，背阴的地方则荡漾着薄荷般清凉的气息。

校园内众多微点展开一张天衣无缝的大网，青碧、土黄、流丹的网线纵横交错着。或酣畅淋漓一气呵成，或枯淡萧索状如飞白，也有些工整严谨形同界画。

天气渐渐冷了，空气中飘动着燃煤的气息。平房区前拥着乌黑的煤堆，煤堆上粘几缕淡绿的白菜叶，让人们觉得温暖又踏实。冬日有种特别的喧嚣，虽然它是如此清冷空洞。连接家属区、学生区及教学区的林荫大路，树林或楼群腹地间的羊肠斜径带着校园人独特的气韵。长梦即将画上句号，黎明前最后的静谧也属于它们。幽微的气息随着烟囱里飘出的白气游弋行进，在天地间徐徐飘荡。

到处都是路，毫无突兀，自然而然。这些路很美，几乎每一条都呈现出不同的色系。每到那榴红吐艳、柳丝垂碧的夏日，路又是怎样的景象呀。盛夏带了甜蜜的笑，浓荫里每一片绿叶都像被黄金打造的艺术品，无比认真地流溢出灿烂夺目的光辉。到处是大大小小的绿荫窝棚，浓密的葡萄叶、槐树叶覆盖着它们。

清华附小前，有一条东西向大马路。夏日路边绿栏上探出一蓬蓬鲜黄的花朵。大路美，端庄。若站在起点向东眺望，可见它被一股热闹的，夹杂黄晕的淡青色光芒团团缭绕。但在清晨，当风渐息时，幽暗的路灯光把小学生淡黄的身影投射在空无一人的沥青路面上，又有些落寞的味道。

这条路和另一条瘦长的南北向马路交会成十字。十字路口右手，是新林院住宅区。冬天的早晨，绝大部分楼宇还沉没在浅色的黑暗里，几幢小平房倒像是约好了同时开放的花苞，一幢接一幢亮起了灯。灯雾透过严严实实的窗帘——那丝织物的缝隙渗透出来。极朦胧的彩晕照亮了寂静瘦长的南北路。"世上若无南北路，人间应免别离愁。"这是杜甫的诗。那条南北路，是有些苍白沉默的少妇，倒更像南宋的词。

新林院东面，有片黑森林。它的西南方又是一条宽广的土路，路边依旧立着些冒白烟的平房，高大的树冠在天空交合。这条土路真像一床暖和的厚棉被呵，让人想一头钻进去，再也不出来。

十字路口北侧，一片花木扶疏的，正是刚才谈过的新林院。南侧也是老平房区——普吉院。让人想到香烟缭绕的南海普陀。它修建于抗战胜利后，据说还是先行北上接管清华园的陈岱孙先生给起的名字呢。有人说，这简直成了寺庙，但还是这样叫开了。因它是为着纪念那云南八年弦歌吹弦诵的日子呀（昆明的大普吉，曾是联大文科研究所所在地）。

晨雾给它们妆点灰色的光，最终它们蜿蜒隐入校园高墙。

这里简直像个长梦。进去了，就出不来。

照澜院南，又有条长得没心没肺的大马路滚滚向东奔流，这条路承载着太多的往事。路北以石阶砌的圆为中心，错落分布着三层简易筒子楼，统名曰"公寓"。石阶圆里遍栽各式树木，春天里开出香美的花。土路铺满了碎白石子，适于散步。从清晨至黄昏，花园里端坐着照看孙辈的老太太，以及蹒跚玩闹的婴孩。

这一带都静极了。

又有条腰板笔直，略嫌清瘦的南北路，如一段自九天飘落的青云，薰染着银蓝的光。这条路很重要，它已临清华最西头的围墙。墙身遍生爬山虎，四时变换不同的斑斓。墙外的大树，夏天是可做遮阳伞用的。

清华大学公寓间的空地

　　南北路横生旁支，又通往一些终日关着茶色玻璃门的两层小别墅。别墅前环绕着古旧的草坪、竹林，阶下平铺大块浓酽的绿。

　　别墅里的主人，曾是一些德高望重的老先生。在清华民间，有"一百单八将"的称号，代表着后辈对他们学术、情操永远的尊崇。

　　想象力丰富者，可以在脑海中构筑一幅这样的画面：书架顶端，一帧褪色的黑白婚纱照旁，八十七转的老唱片机转得格外沉重。桌前的旧藤椅，扶手用胶布细细粘牢，泛出微微乌色。藤椅里，以手支颐的老人似乎在沉思，又像已堕入沉睡。

在20世纪80年代，报纸上以花事凋零后繁华重滋的学术名园来形容清华。据说，有学问的老人早在20世纪初就讲过，这所大学就是因了学术的使命而生存，所以这"学术"二字，便是它一体的灵魂。近一个世纪以来，被赋予了学术灵魂的清华大学，生命里充满各式各样的传奇。

很久以前那亦古亦今的往昔，若从前门火车站到清华，只有一条扬沙的官道供旅人行走。夕阳西下时分，一排排垂杨柳婀娜飘摆，柳眼挑金。因为种在官道两旁，所以被唤作"官柳"，似乎比普通柳树有些地位。

民国肇造，清华甫立。那时黄季刚、曾缄师生作于丁巳（1917）戊午（1918）间的《西郊锲游诗及序》云：

路出西直门，万绿迎人来。

方畦麦始秀，圆沼萍初胚。

依依眄弱柳，郁郁瞻南槐。

迤逦向林隈，夕阳已西颓。

……

每年素秋时节，如梁实秋这样从北京城走向清华学堂的青年学子，在西直门前那条漫长的夕阳古道上，所观所感都是这般的浓郁幽绝吧。

　　路边的官柳都亲切而沉默地迎接着名字深奥的青年。青年们身着长袍马褂，来自古老中国的四面八方，后来也能见着穿西装的了。

　　在老北京巍峨的正阳门楼前，他们走下喷薄出疲惫的白气、已达终点的蒸汽机车，再坐马车、人力车，或搭乘紫身白顶、风驰电掣的美国进口的漂亮校车，沿着官柳招摇的幽尘古道，进入清华迷宫般清幽的园林。

　　当是时，外面的社会恐怖非常。贫穷、落后、战乱、灾害……围墙内的小世界却终日林荫如盖、清静妥帖，中西融会、锦簇花团。为数不多的学子在名师谆谆教诲和校风无形陶冶下如华茂春松；毕了业还有机会到船坚炮利、科学昌明的异域苦学一遭儿，十几年后，自然都成国之精英。

　　后来的研究者不辞辛苦，用力甚勤，普遍把这一两代既具备了深厚国学童子功底，又接受过系统精当西式教育的清华人称为20世纪教育史、科学史及文化史甚至政治史上的先驱、栋梁，甚至以辉映的星辰、铺彩的云锦来敷陈比附。

　　整个20世纪中国所经历的，是一个大动荡的时代。不管愿意不愿意，这些人，他们的命运，还有他们所热爱的这座校园的命运，都永远与时代的变革紧密相连，息息相关……

清华大学南院（熙澜院）

南院（照澜院）

南院，建成于1921年，当时是应改办大学计划之需，与"四大建筑"相配合而建的教授住宅，因为已有了"北院"住宅区，所以就称之为"南院"。先建西式丹顶洋房10所，随后又建中式四合院式10所，20所合计3 650平方米。环境很清静，和北京城内的四合院房屋大不相同。清华早期著名教授如梅贻琦（五号）、张子高（五号）、马约翰（十六号）、赵元任（一、二号）、陈寅恪（二号）、俞平伯（七号）、张申府（九号）、袁复礼（十号）、法籍著名数学大师哈达玛（一号）等，都曾先后在这里定居。1920年代清华国学院的四导师，除梁启超住在城里外，王国维、赵元任、陈寅恪都曾住过南院。

南院建在清华园围墙之外，和旧大门隔着一条小河。故而，这条溪流似乎比静斋旁那萤火闪烁的小溪要热闹许多。但在人烟稀

张申府在南院住宅前

少的老清华前期，仍有着几许古道空山的旧国画韵味。俞平伯先生有《菩萨蛮》吟："桥头尽日经行地，桥前便是东流水。初日翠涟漪，溶溶去不回。春来依旧矣，春去知何似。芳草总芳菲，空枝闻鸟啼。"

而1940年代末的气象则已有不同，虽然仍是一幅今人无法想象的人与自然统一和谐的绝妙美景。李曾中先生回忆道：

> 我们家门前的那条小河里鱼虾成群，河水清澈见底，不仅有数十种鱼类，还有螃蟹、甲鱼。每当发水时，河水夹着乱草从上游滋滋流下，河里有一条条大乌鱼带领身边几百条小乌鱼顺流而下，我们站在二校门的桥上看着这一切，真有无限的感慨。我家对面与胜因院相隔的是一条平时无水的大河床，有一两人深，长满树丛，对面坡上则是十几棵古松，我时常在树林中见到过

猫头鹰与山鹤、老鹰等各种珍禽。每到黄昏，我和家住
二校门邮局的好友王长达同学便跑到静斋后面的小树林
里用弹弓打鸟。这时太阳刚刚落山，成百上千只的各种
鸟都落到静斋后面"荒岛"边缘上的树林里去了。记得
有一次我们在工字厅与科学馆中间的树上用十颗自制的
胶泥球子弹，竟然打下了三只乌鸦，现在想起来还有点
儿连自己也不相信！

著名学者、1920年代的清华注册部主任王芳荃之子王元化先生
曾于20世纪末重返清华园：

> 清华园大门外，有一条河流，上面架着一座石桥，
> 对面就是通向南院的道路，那里还是七十多年前的老样
> 子，只是小河的河床似乎更向下深陷了。校园大门外停
> 着的人力车，现在已看不见了。进了南院西门，一切如
> 昔，只是显得更为破旧。

那时孩子们觉得十分宽敞的天地，现在不仅显得狭小，而且是
蔓草丛生了。往事如烟似梦。

后来，在更南处又建了一群住宅，叫新南院，房屋较好，屋前
都有一大片空地，用矮松树围起。南院就在前面加上一个"旧"字
以示区别。现在改称照澜院，仍然是旧南院的谐音。

今天，与热闹的二校门一溪之隔，华蔓丛生的南院却依然寂静
而蕴含着某种独特的韵味。绿色的铁门紧紧关着，好像古典故事连
环画中那无人居住的荒宅偏院。无数不为人所知的故事在时光静静

的流转中发生、腐烂，就像院中干涸的池塘边的春草。

人文地图的墨痕干涸得很快。仅仅过了六七十年，当年的华屋已破旧不堪，当时的屋主皆辞别人世，就连他们的孩子也都进入了耄耋之年。关于南院的人文记忆，有的也已模糊甚至相悖，更令人感到时光的强大。

旧南院呈方形，是个名副其实的大院，由两种不同样式的共18所房屋构成。北面东面是西式房屋，南面西面是中式房屋，中间有一广场，四周是四排房子，中心的东半边是两个并排的网球场，西北边地势较低，是一片树林，还有一个小一点的操场，地势要低得多。四周的房子分中西式两类：北排和东排是十所西式住宅，一到六号在北，七到十号在东，前屋有回廊；南排是一排三家中式住宅，都是小院子。西边则是双排大门各向西及东的共六套住宅，但是还有西南拐角上大门向西及北头第一家大门向北的两所住宅。旧时西北角和东南角各有一个通向院外大路的门，从东南门可以走向校南门，从西北门可以走向二校门。经常进出的是西北门，东南门平时总是用铁锁锁住。

旧南院的住户，各个时代不同，就唐绍明先生战前（1937年）和战后（1946年）对他同辈人的珍贵记忆，北排二号住的是张清骅（张泽熙家，战前），五号是张秋华（张子高家），六号是萧庆华（萧蘧家，战前）；东排住的是七号俞平伯家（战前），十号是袁疆（袁复礼家），南排住的是十一号余绳武、余绳孙（余冠英家），十二号就是唐贯方家，一个四方院子，包括北屋和东屋、西屋；十三号是牟作云家（战后），十四号是全绍志家，十五号是涂

赵元任在南院的住宅

铁仙（涂文家，战前），孟宪民家（战后）；西排住的是十六号马启平（马约翰家），十七号是冯钟广（冯景兰家，战后），十八号是沈铭鸿（沈履家，战前），吴治衡（吴泽霖家，战后）。出旧南院的东南门，在大路的东侧，有一块地方地势较低，树荫掩映，平时很少看见有人去过那里，住着张申府一家，是否还有别的住家就不清楚了。

　　而农学系教授、为清华人提供鲜奶的奶牛场场长虞振镛先生的女儿虞佩曹老人亦曾以非常精准的记忆力描述过南院故居的人文地图，她那摇曳生姿的笔触依稀有着简·奥斯汀的风致。

　　　我们住的南院是一个四周由房屋围绕着的大院，西式住宅一号是赵元任先生家。赵太太是公认非常能干的

马约翰一家

人。记得梅贻宝先生和祖彬的"倪姑"结婚时，祖彬及我拎花篮，赵太太很快就为我们设计并缝制了有多层皱边及绢花装饰的衣裙。二号有一位杨若宪大姐姐，好像与赵家有亲戚，其他人印象不深了。三号是赵忠尧先生家；四号是一位留一撮小胡子的潘先生家；五号先是梅贻琦先生家，他们去美国后张子高先生家住；六号先是杨家，后是萧蘧先生住的；七号俞平伯先生家，八号却记不起来，九号是一位姓罗的广东人，十号就是我们家住的了。这南院里梅祖彬、祖彤、祖彦、祖杉、张滂、张怀祖、俞欣、俞成及马约翰家的几个孩子，都是我们西南联大的同学。中式住宅第一家是李广田（？）先生家，他是一位十分喜欢孩子、孩子们也特别亲近他的人，他自己有八个子女，李增德后来是清华乐队的长笛手。在他家，我看到过雅妹姐姐和陆以循结婚从老远寄来的有新郎新娘玩偶的结婚蛋糕，我也记得他们那只能安放两把提琴的盒子。

李家南面，大门向西是张恺臣家，张大姐现在湖南医学院工作。贴背门朝东开的是一个三代同堂、兄弟未分家的大家庭，大门上钉有锃亮的很气派的"丹徒余"铜牌，门常关着。再向南，门朝西开是马约翰先生家。他们家也是八个兄弟姐妹。马先生十分疼爱孩子，他们家的孩子最先有网球拍，最先有照相机和钢琴。别的孩子也爱去他们家玩，那里无拘无束，总有笑声和音乐。到了夏天他们家就在院子里搭起凉棚，在砖地上洒水，大荷花缸里种上莲花、养上金鱼，凉棚还挂上秋千，简直成了胜地。东面紧贴他家是李鹗鼎家，他姐姐李鸢鼎是大姐马懿伦的昵友，所以两家的隔墙上开了个小门。李家同院还住有王家，我记得王执敏大姐姐后来是跟清华长跑健将万鸿开结婚的。

南院西南角大门朝西开的房子里住着教体育的涂先生，他们家也有一小门通马家，同院还住有冯友兰先生，后来搬走了。

南面的一排房子大门朝南，但是都有朝院里开的后门。挨着涂家是章燕棣、章美棣家，东邻是王芳荃先生家，王元化就是他的孩子。他家搬走后图书馆唐贯方先生来住。再往东是中式住宅最后一家，姓樊^按，后门正对我们家。

我自己也奇怪怎么至今还记得这么清楚，那网球场好像就在眼前，竖立着"禁止践踏球场"的标牌。有一次大人们打球，我闲着无聊，就去摇晃那比我高的牌子，被妈妈禁止了，于是就拿起那梯形的球拍夹子像枷一样套在脖子上，又被妈妈骂了。后来不知什么神鬼差使，我套上枷又使劲摇晃牌子，妈妈把我拉回家打了一顿，她都气哭了。当时我想该是我哭，怎么她哭了?很久以后才明白是因为我没有好教养，丢了她的脸。

网球场北端是高高的铁丝网，暮色苍茫之际，我会到那里去跟一个小男孩悄悄交换《七侠五义》、各朝野史等小说。

王元化先生则这样回忆：

北面洋房第一号住宅是赵元任家，二号是陈寅恪家。我小时在南院广场上一起玩耍的友伴，有马约翰先生家的启华、启伟、佩伦，李广诚先生家的增德、华妹，梅贻琦先生家的祖彬、祖彤，赵元任先生家的如兰、新那(这是后来的名字，那时如兰叫Alice，新那叫Nova)，虞振镛先生家的佩曹、佩兰，杨光弼先生家的大田、二田(这是小名，我一直不知道他们的学名叫什么)。以上都是住在南院的。住在北院的王文显先生家的碧仙、碧云和几位外国教授的孩子，也有时到南院来和燕按：本书初版于2005年。问世以来，陆续收到很多老清华子弟的来信来电。其中樊昌信院士云，他的父亲出生于1888 年（清光绪十四年），名澄宽，字季清，毕业于武昌书院，在民国元年(1912年）和二伯父一起来到北京刚成立的清华学校（清华大学前身）工作。当时同事在背后分别叫他们两人大樊先生和小樊先生。

樊院士的二伯父在清华图书馆工作，父亲在清华工作了18年（从1912年到1929年），开始时任会计，最后是斋务主任。当年清华的斋务主任管的事情面很宽，有关学生管理的事情都管。从樊家存放的笔记本中可以发现有关困难学生向学校借钱的记录，有学生某月某日在饭厅吃饭时说话的记录。当年学生在饭厅吃饭时禁止说话，樊昌信先生推测是父亲根据孔夫子"食不语，寝不言"的教诲制定的饭厅守则。除了管理学生的事务外，樊澄宽也介入学校的其他工作，例如清华第五任（1922—1928）校长曹云祥于1923年日本发生地震后，曾委托麻伦、杨梦赍、何林一、王绍甄、樊季清、戴孟松六位教师和胡敦元、施滉、何鸿烈三位学生协助，组织日本赈灾委员会。

樊澄宽夫人由于和一些从美国留学回国的清华教授的夫人交往，学会了一些英文单词并会和她们一起打美国扑克"梭哈"（英文Show Hand 的音译，正式名称是Five-Card Stud），还和她们一起，跟马约翰学打乒乓球。

1912年至1929年，樊澄宽住在南院。1990年，樊昌信的大姐从台湾回来，要去清华"寻根"。她指出照澜院东南角的小院就是樊家当年的住处（去看时已经是眼镜店了），还清楚地记得并一一指出梅贻琦、赵元任和马约翰等的家。

1933年至1934年，樊家迁往绥远省（现内蒙古）萨拉齐县。樊澄宽是随在清华工作时的好友、虞佩曹的父亲虞振镛去那里的民生渠水利委员会工作，参加修建民生渠水利工程的，虞振镛当时任绥远民生渠水利委员会委员兼总干事。

我们一起玩。其中我只记得美瑞和于瑞。这是一对美国姐妹，她们有时也来我们家，喜欢吃我们家烧的中国饭菜，而我和三姐有时也到北院她们家去玩，喝她们家新挤出来的羊奶。我们这些清华园的孩子们在南院广场上顽皮嬉戏，那是多么无忧无虑的快乐日子啊！现在许多儿时的友伴已消息全无，不知他们是否还在人间？如果他们还健在，祝福他们，愿他们幸福，而对于那些已故的亡灵我也默默地祈求，愿他们在大地之母的怀抱里安息。

南院十八号曾有过特殊历史，它隔马路与一号相对。它俩像是大院的守门员。其他16所围着一个大草坪，高高的白杨树箍着草坪给16所圈出一条马路，马路的出口立着守门员。

1932年秋，新生入学，这是学校招生开始膨胀的第一届，女生就有28人之多。古月堂、西北院女生宿舍都已告满，学校只好把郑秀、旷璧城等15个女孩子安排到南院十八号。

旷璧城回忆：

这是一所很不起眼的房子，可能是小职员或工友住的。和南院其他建筑比，显得非常寒酸。因为那17所都是玲珑的西式平房，只有十八号是由两个半边四合院组成。前院西屋三间，北屋三间包围着一个小庭院，院门就在西北屋之间。白妈和刘妈就住在西屋的门口那间把关。后院与前院由一堵粉墙隔开，中间一张月亮门。南面的院墙灰不溜秋，没有粉饰。后院北屋五间，靠前院那间是热水房和洗手间，最后一间比较小，可能是当杂

清华大学南院

屋用的。院子里一目了然，没有树，也没有花草，连爬山虎都没有。要是善感的人在月明之夜，或者是夜寒初重、冷雨敲窗，一定会从内心萌发出不尽的幽思和无可奈何的惆怅。可是把15个野马似的未脱孩子气的中学毕业生塞进来，顿时满院弥漫着一股热烈而新鲜的气流。

在南院的教授中，姑娘们只对住十六号的马约翰先生熟悉：矮个儿，壮敦敦的，骑着自行车似追风逐电，老远就看见那双圆鼓鼓的眼睛，冬天也只是毛衣上套件毛背心，灯笼裤是他的标志。每天出入院门好几次。女生们就是这样熟悉他的。

马约翰是成志学校的校长。他性格活跃，很会生活。每年夏天，都是他家最早搭起凉棚，砖地洒上水，大荷花缸里种上莲花、养上金鱼。他虽系南方人，又从小受西式教育，但老北平人理想的"天棚石榴胖丫头"的四合院生活，却是马先生，也是老教授们推崇的生活方式的极致。他喜欢孩子，他的八个孩子对他也都很好。他们家的孩子最先有网球拍，最先有照相机和钢琴。一个学生曾亲眼看见他的一个少爷摩着他的头叫"Dada！"，圣诞老人般的马先生从口袋里拿出那特号的萝卜塞到他的小嘴里："吃！吃！！吃！！！"

马先生琴棋书画无艺不通。他的女儿马谙伦回忆起七岁开始学弹钢琴时，爹爹是启蒙老师；她第一次在十字布上绣花时，也是他提示起针的。每晚四个年幼孩子上床睡觉时，他会在床边轻轻弹奏他拿手的"曼德林"，催使孩子们进入甜蜜的梦乡。

俞平伯先生家先住在北京城，俞先生去清华教课就要至青年会乘学校的班车，很不方便，就带着家人于1930年秋迁至清华南院七号宿舍。

在清华南院时，俞先生和陈寅恪、朱自清、浦江清、杨振声等教授经常来往。朱自清先生曾住在南院的单身宿舍，距俞家很近，因当时系单身一人，饭食不方便，俞先生就请朱自清先生每天来家共餐。朱先生一定要付伙食费，俞先生不肯收，朱自清先生一定要付，最后只好收下，而暗中却又把这钱全部用在给朱先生添加伙食上。朱先生后来渐渐地察觉了丰盛的饭菜是专门为他做的。

抗战以后，俞先生因亲老而留在北京，他坚持不与日伪政权合作，高风亮节为世人所重。朱自清先生自昆明寄《怀平伯》三首七律，是很有名的，久为人传诵。其中第二首有句云："西郭移居邻有德，南国共食不相忘。"就是说在南院与俞家共饭的事。

1935年新南院新建，俞家也就迁至新南院四号。俞夫人喜爱园艺，她在门前种了玫瑰和月季花，前面空地就种了一大片花生。后院则种了草莓。

前文说过，成志学校有三个"大头"："杨大头"杨振宁、"俞大头"俞润民、"王大头"王元化。其中南院就占了两个：俞润民和王元化。由这件孩童间的小事，也可见南院当时已是老清华最大的居住区了。

从南院西门出来，折返石桥，就进了清华园的二校门。原来紧挨大门的西面是警卫室，东面有一条小径，通往售品所，那是孩子最熟悉也最喜欢的地方，因为只有在那里才可以吃到冰淇淋。

马路对面还有一家小杂货店，大家叫它"大摊"，过大摊往南走到头，下坡有一条向西南去的小路，就是通到成府的，那个下坡处常有一群备人雇用的小驴。放春假时清华的学生们就成批地骑驴上颐和园。

1937年，全面抗战爆发了。清华举校南迁，在昆明与北大、南开共组西南联合大学。在艰苦的大后方，幽静、自得其乐的南院乐园只能成为孩子们的梦忆之乡。胜利之后，这批孩子中年纪较小的唐绍明又随全家于1946年10月回到满目疮痍的清华园，仍旧搬回旧南院十二号老房子。为了纪念抗战期间在昆明的流亡岁月，按谐音取地名，旧南院改为"照澜院"，预示着一个新时期的到来。

十一号还是余冠英家，十三号由牟作云搬进来住。李广田先生家从胜因院搬到照澜院三号，与张光斗先生为邻。当时住在照澜院的还有马约翰、吴泽霖、李宪之、袁复礼等先生。1946—1952年，唐绍明在这里度过。直到院系调整时，校方把它收归公房，才又迁到西院。

清华大学西院

西院

地处西校门里的西院住宅区分新、旧两部分。"旧西院"（北面五排）建于1924年，总共20个单元，合计3131平方米；1933年又扩建10个单元，计2312平方米，史称"新西院"。"新西院"建成后，与"旧西院"统编了门牌号，一直沿用至今。从"旧西院"建成起，在校任职、任教的一些著名学者即开始在这里定居，如王国维（十六、十八号）、陈寅恪（三十六号）、朱自清（四十五号）、闻一多（四十六号）、熊庆来（三十一号）、杨武之（十一号）、顾毓琇（十六号）、雷海宗（三十七号）、陈达（三十五号）、李继侗（三十二号）、陈桢（十三号）、吴晗（十二号）等都曾先后在此居住，围绕这些名人，许多"名事"也出在西院。（引自黄延复《清华园风物志》）

吴晗在西院的住宅

　　而这些泛黄的老照片上的景物、男女，都带着那个时代典型的校园气息。

　　据吴组缃先生回忆，清华一般也有四通八达的水，说到水最富丽的是三面环河一面巨厦的荷池，富于野趣的就该数西院长着芦苇的水田了。

　　西院老十六与十八号是王国维先生旧居，两院各有朝南正房三间，左右各一偏房，是典型北方式建筑，红漆门窗、灰色瓦顶，在书房中南窗下放一书桌，三面墙壁都是书架，放满线装书。书房在十六号院西屋，家人都住十八号，所以书房是安静的，王国维先生就在书房里潜心工作，在这里写了蒙古史、西北地理等方面的许多论文，校批了不少书籍。

　　1929年秋，算学系教授杨武之先生携妻、子，一家三口搬入清华园西院十九号，那是西院东北角上的一所四合院。西院于上世纪30年代向南方扩建后，门牌改为十一号。在这里，杨先生的其他几个孩子陆续诞生，一家人度过了八年平静美好的生活，这八年也是杨武之学术上最见成果的八年。直至晚年，他依旧对这段人生的黄金时期念念不忘，向三子振汉说："北平清华园西院十一号是一定不会想不起来的，'七七'事变前几天还在西院十一号里搭凉棚呢。"

物理学家杨振宁与雕塑家熊秉明是终生好友。儿时的熊秉明画幻灯片，杨振宁自制幻灯机放给其他孩子看的场景，深留在杨振宁的父亲、清华算学系教授杨武之记忆里。而熊秉明的父亲熊庆来先生，则是算学系主任。两家同住西院，又是通家之好的同事、朋友，这美好的感情自然泽及了他们的下一代。而同住西院的美学家邓以蛰先生之子，后来的两弹元勋邓稼先，更是杨振宁一生的好友、物理学的知音。邓稼先去世后，杨振宁深情地把父亲最爱的《中国男儿》这首气壮山河的歌曲献给邓稼先。

熊庆来先生最爱陶渊明，他喜欢菊花。住清华园西院时，每到秋初，便向学校的花房订十数盆各色的菊花放在石阶的两旁，一两个月，院里充满"秋菊有佳色"的氛围。

"菊缘"是熊夫人的名字。他们同年同月生。熊夫人生于9月11日，所以一向合并了在一天庆祝生日：9月10日。庆祝的方式其实很简单，头天晚上熊夫人亲自和面擀面，面粉里不掺水，全用鸡蛋，擀得极薄，切得极匀，放在湿布下，留待第二天用。鸡选上等的，炖出做汤。一家人就在温暖快活的气氛中围桌享用这鸡丝寿面。"鸡肉、面条、鸡汤都透着、闪着浅浅的明亮的金色。经过母亲的慈心巧手，使滋味的精美与纯粹升到象征的境地，铭记在我们幼小的心上。我们以为那是人间无上的美味，远远超越一切豪奢的蛮腻。"这洋溢着母性光辉的、意义深远的鸡汤面，在一生寄居海外的雕塑家熊秉明心目中，和"平实而诚笃，刚健而从容，谦逊而磅礴地进行"父亲精神的道德力同出一辙。

而陈寅恪先生到清华执教至抗日战争爆发前的日子，也是他一生中最为安定的时光。陈流求回忆：

> 我在六至八岁前后，家住在新西院三十六号，是一幢中西式平房不大的宅院，家里时有校内师生来叙谈，其中往来最密切的为吴宓伯父。记得吴伯伯常在晚饭后和父亲在西院宅间小路上散步，或在家中起居室随意交谈、争论问题，毫不拘束，在孩子眼中不像是家里来了客人，而像是家中的伯父、叔父一般。所以我也不再怯生，虽然听不懂大人的话语，有时也掺和进去玩耍或者问东问西，通常交谈时间不长，吴伯父就告辞了，父亲又回到书房。

> 记得母亲曾告诉过我，那时吴伯父家眷不住在清华，一次吴伯父小恙，母亲带着我到吴伯父住所探望并送点熟食。吴伯父与另一位教师家合住在旧西院中。印象屋里陈设除了书桌，多是书柜、书架，有点近似父亲书房模样，其他的家具比我家还要简单。

> 一段时间，吴伯伯时常参加我家的晚餐，他总用很

清华大学西院

不纯正的普通话口音，慈祥地与我们姐妹说说话，因此我们都和他比较亲近。记忆最深的事是一次吴伯父邀我们全家到清华园教职员食堂去吃西餐，父母原来不允许我和妹妹前往，经吴伯父一再说情才破例同意我们一同赴约。这是我出生以来第一次到餐馆吃饭，为这顿晚餐我高兴了好几天，也记住了几十年。从孩提时起，我已经明白吴宓伯父不仅是父亲的挚友，和我们全家关系也很不一般。

1952年，唐绍明家迁往西院居住，房子正是陈寅恪先生抗战前住过的旧居。

清华大学北院旧址

北院

　　北院位于图书馆北面，一共有十多套房子，系平房。这十多套相同的房子分布如"7"形，一部分朝南，一部分朝西。

　　北院住宅区已于21世纪初拆除。它是清华园内最早建筑的高标准教员住宅，与"清华学堂"同期。清华建校初期，有一大半教员是美国人，这处住宅区就是专门为他们建造的，所以也称"American Teacher's Residences"。

　　1910年代，北院小洋房没安窗纱，到了晚上扑灯小虫，煞是恼人。章元善等早期清华学校的学生每天晚饭后时常去老师家探望，借机练习会话。他们一面同外国老师纵谈彼此想到的一切，一面一起打小虫，习以为常。回宿舍前，还说不定吃上些像doughnut之类的美式食品，师生之间关系融洽。

　　著名物理学家叶企孙先生在清华大学的住处是北院七号。1925年他到清华工作，开始住在那里。

"北院七号饭团"
左起：
施嘉炀、钱端升、
陈岱孙、金岳霖、
周培源、萨本栋、
张奚若

　　叶先生终生未婚，有学生及侄子叶铭汉随侍在侧。1946年10月，叶铭汉先生第一次到清华，看到北院七号。他记得除了叔父外，还有朱自清、温特、刘崇铉等教授住北院。北院是在民国初年建成的，显得旧一些。七号面向南，朝南三间，朝北两间，共四室一厅。朝南的中间一间是客厅，大约20平方米。东边是书房和卧室，两间相连。书房朝南，约10平方米。卧室朝北，约20平方米。书房和卧室相连，通过书房进入卧室。西边两间，一间朝南，一间朝北。两间相连，各约15平方米。房子的北面，即背后有厨房和工友的住房。

　　1929年暑假，老清华政治学系教授浦薛凤收到继聘的聘约后，带妻子去清华合住，住于清华园北院四号。

　　那时住北院的有陈岱孙、王化成、朱自清、叶公超、蒋廷黻、刘崇铉、蔡可选等教授家。浦先生常在下午四时后，和蒋廷黻、陈岱孙、王化成、萧叔玉诸教授打网球，周末晚上喜与朱自清、蒋廷黻、陈岱孙诸教授打桥牌，只计分数，有胜负而无输赢。浦夫人则常和蒋廷黻夫人（住北院十六号）及王文显夫人（住北院五号）三位并坐，边织毛线衣边话家常，与吴有训夫人王立芬及燕京教授、著名作家冰心（吴文藻夫人）结识熟悉。浦薛凤夫妇是江苏常熟人，像校园里许多南方籍家庭一样喜拍昆曲，也都喜食河蟹。每当金蟹上市时节，北院四号后门口，常有蟹壳堆积于垃圾桶里。

抗战后师生逐渐复员，校园也明显热闹于战前。"驱仇寇，还燕碣"后的新一代清华子弟和新入清华的青年就像这战后新建的住宅区一样新鲜，充满朝气。新一代孩子组成了新的、更大的大家庭，有了更多的兄弟姐妹。他们在院中空地、土坡间做游戏、唱歌、跳舞，相互追逐，甚至分成两伙学打仗，冲冲杀杀，不亦乐乎。

他们的笑声不但充斥着从前的胜地，也开辟着昔日相对荒凉的所在。中文系教授浦江清先生抗战时效力于西南联大，战后夫人带子女从大后方来清华团聚，九岁的女儿浦汉明第一个认识的就是她酷爱的《背影》的作者朱自清先生，真让小姑娘感到清华大学的藏龙卧虎。后来她还发现，朱先生和自家同住北院！除朱自清先生外，同住北院的，先后还有王竹溪、余瑞璜、刘崇铉、吕叔湘、华罗庚、王瑶、张青莲等各家，真可谓人才济济。物理系教授余瑞璜先生之子余理华还记得穿过北门到清华校园墙外，经过一片农田，可以走到一条铁路旁。沿着铁路线旁的小路散步时，父亲余瑞璜常常讲些趣事。

清华大学新林院

新林院、胜因院、普吉院

随着学校规模的日益发展，特别是改办大学和工学院以后，大批学者云集校内。虽有西院（1924年）、新西院（1933年）相继落成，但仍不敷用，即于1934年在南院之南又置地盖起了新的教授住宅区（即现在的新林院），俗称"新南院"（南院也相应地改称"旧南院"）。

新南院规模较大，质量好，装备齐全，共30所总面积6 588平方米。1949年前先后在这里居住的著名教授有陈岱孙（三号）、周培源（二号）、俞平伯（四号）、霍秉权（六号）、叶企孙（七号）、赵忠尧（八号）、潘光旦（十一号）、吴有训（十二号）、庄前鼎（二十三号）、李辑祥（四十二号）、陈寅恪（五十二号）、施嘉炀（五十三号）、张奚若（六十二号）、张荫麟（七十一号）、陈桢（七十一号）、闻一多（七十二号）等。（引

闻一多在新林院的住宅

（自黄延复《清华园风物志》）

新南院刚建成时，想必十分轰动。在当时的校刊上，一个化名野马的学生写道："紧靠着校门南的屋子，是旧南院，那逦迤华丽的三十座小洋房儿，是去年新落成的新南院。屋子虽然精致，可是没有树儿、草儿、花儿，就显然有点单调了。可是那儿宽整的炭屑路、轩朗的场地，也自别有风光啦。路旁的梧桐、杨柳，不久也可以长大了。教授们正各自别出心裁地布置自己的园地。总之，这儿是新开辟的境界，像是一个年青的孩子，情感、理智都尚未发达到健全的地步。然而，无论如何，他是有一副天真烂漫的面孔，有一团蓬蓬勃勃的朝气的。" 闻一多先生之子闻立鹏回忆道："新南

1941年清华大学校庆时领导合影，摄于昆明
右起：叶企孙、冯友兰、吴有训、梅贻琦、陈岱孙、潘光旦、施嘉炀

院七十二号，这是一所别墅式的红砖平房，环境僻静。内有四壁书橱的书房，房前有两片绿茵草坪，父亲看书写东西累了时，就在草地上拔拔杂草。书房窗前有父亲亲自栽种的竹丛……吴晗先生提前回北平，临走父亲还一再叮咛请吴先生代他看看书房前的竹子可还在，长得如何。"

1937年，学校又在新南院之西南建成供一般职员居住之住宅十所（即现在的普吉院），总面积1 749平方米。初建时亦无正式名称，因其在"新南院"之附近，于是称之为"新新南院"。抗战期间，在昆明的校委会正式把它定名为"普吉院"。

彩色的云，清丽的木香花，是在抗战中给予了这些颠沛流离

普吉院旧影

的文化人以慷慨庇护的云南在他们心底留下的永远的审美意象。笳吹弦诵的山城，充满"白的繁复的花朵，有着类似桂花却较清淡的香气。那时昆明到处是木香花，花的屏障，花的围墙，花的房顶……"（宗璞《长相思》）

于是，战时清华某些研究所所在地"大普吉村"这个地方，就成了这片复员后新建住宅区的名字，深切反映了清华人对联大岁月和云南的怀念。有人说，简直成了寺院，但后来还是这样叫开了。

靠近清华附小的普吉院显得极其宁静平淡，年轻一点的人，不会去猜想这个有点古怪的名字背后的历史。她总给予童年时的我这样的记忆：在星光满天，而有时连一丝光亮也没有的、只能靠周围住家的灯光照亮脚下土路的时候，那拥挤的平房的铁窗口总是透射

清华大学普吉院

出恬适的绿色光亮。每次走到那透出柔和光线的淡绿窗帘下，闻着烟囱里飘出的浓重的煤气，就会想到附小威武庄严的教体育的李老师还住在这样封闭而明亮的，烧煤球的环境里。

"门外若无南北路，人间应免别离愁。"抗战后，不少年龄较大的子弟未能返回清华。例如杨振宁于1945年以极优异成绩考中全国庚款留学的唯一名额，直接从昆明去了美国，直至30年后中美关系解冻，才有机会回到阔别已久的故园；他的好友熊秉明抗战后期参加了西南联大学生支援抗日美军的远征军，在大西南的重嶂峻岭间执戈卫国，不久后也奔赴法国学习美术；与熊秉明有着几乎同样经历的梅贻琦校长唯一的公子梅祖彦则亦在西征凯旋后出国留学，后于1950年代回国任教于清华大学……

梁思成夫妇在新林院的住宅

　　物理系教授周培源先生有"四朵金花"，最小的周如苹复员后刚刚上幼儿园。那时，新林院靠近铁路线，周家就住在新林院二号。前院绿草如茵，鲜花怒放。后院长着一棵又高又大的核桃树，小朋友们天天在院子里跑来跑去。金岳霖、张奚若、陈岱孙等都住在附近。周如苹经常能看见独腿的潘光旦先生拄着双拐走来走去的身影，搞不明白他为什么要用拐走路，常到他的身后去找他另外那条腿。这种事其他孩子如李广田先生的女儿也曾做过。当然，幽默的潘先生是不以为忤的，可以想见，他在发现那些可爱的孩子在自己身后跟踪追击时，会怎样慈祥地大笑。

　　当今天的我再访新林院时，已是深秋了，树上的叶子都将落尽，地上一片深深的叶堆。这是新林院居委会的人组织扫的。路东

清华大学新林院

侧那一排排向幼儿园伸展开去的平房瑟缩在落叶下的秋风里。院门紧锁着，门上的邮箱上写着院主的名字。院子的深处，台阶旁几株清竹仍旧摇曳，发出幽幽的清响。一股温暖的气息弥漫在这片当年令人兴奋的"新"住宅区中。

外部环境是优美的，而内在的房间布局则更见出主人的品位。在林洙女士的笔下，新林院八号梁思成、林徽因家古色古香的起居室可谓别有洞天。

这是一个长方形的房间，北半部作为餐厅，南半部为起居室。靠窗放着一个大沙发，在屋中间放着一组小沙发。靠西墙有一个矮书柜，上面摆着几件大小不同的金石佛像，还有一个白色的小陶猪及马头。家具都是旧

1947年陈寅恪穿棉袍立于
新林院52号院内大场台

的，但窗帘和沙发面料却很特别，是用织地毯的本色坯
布做的，看起来很厚，质感很强。在窗帘的一角缀有咖
啡色的图案，沙发的扶手及靠背上都铺着绣有黑线挑花
的白土布，但也是旧的。我一眼就看出这些刺绣出自云
南苗族姑娘的手。在昆明、上海我曾到过某些达官贵人
的宅第，见过豪华精美的陈设，但是像这个客厅这样朴
素而高贵的布置，我却从来没有见过。

今天，我们路过这些不改风貌的曲曲折折的平房，望着那竹林
掩映下拉着旧窗帘的窗户，似乎还可生出对一种早已在嘈杂纷乱的
当代节奏中式微了的从容不迫、条分缕析的精神生活的遐想。

李岫是李广田先生的爱女。她和浦江清先生的女儿浦汉明有许

刘仙洲在胜因院的住宅

多惊人的相同点：年纪相当，父亲都是中文系教授，她们后来也都继承父业，成为中国文学教授，而这在老清华的文科教授子女中，并不非常普遍。因此，二人还有一个重要的相同点：她们都不但是父亲的好女儿，还是他们的知音。她们都自引为父亲的朋友，小小年纪就与父亲谈论文学、艺术、生活。当然，她们后来也都成为父亲著作最专业的整理者与点评人。而由于种种原因，不少文科教授或者文化大家的子女并无继承所学专业者，或者虽亦有这方面才华，但毕竟术业有专攻，在整理父辈的文化遗产时，不可能尽善尽美。从这个角度讲，李广田、浦江清等先生是比较幸运的。

李岫记得，1949年，当听到解放隆隆的炮声时，李家已从胜因院搬至新林院三十二号住。这里比其他居住区更幽静，门前是高大

林徽因参与设计的胜因院小楼

的藤萝架，庭院里绿草如茵，两株浓密的丁香，两株刺玫，一排晚香玉。

　　而二校门外西南方，新林院西部这几幢窄窄楼梯横贯上下的两层小洋楼和附近的平房，以及路边用石头铺砌的台阶，就是抗战后新建的新教授住宅胜因院。临着一条宁静的马路，对面就是清华附小绿树成荫的操场。

　　胜因院原有40所住宅，得名于抗战期间西南联大租借的昆明"胜因寺"等房屋，又因这批住宅建于抗战后，故得名以资双重纪念。

　　胜因院有平房和楼房两种。李广田先生家在搬至新林院前，先住在胜因院；张维先生和费孝通先生住在南边的楼房里；刘仙洲先

清华大学胜因院小楼

生、吴柳生先生则住在北边的平房里。前文提到的温特先生也住在胜因院南端。

李岫、浦汉明她们，都属于老清华最后一群孩子之列，但又成长于两个时代交聚的转折时期，故而她们的生活里，既有灰楼练琴的雅兴，也具1950年代初特有的群众运动的热烈。朱自清先生之子朱乔森、李宪之先生之子李曾中、施嘉炀先生之女施湘飞、吴景超先生之女吴清可等也属于这个行列。1949年，南院与胜因院之间没有路，由一条很大的沟和烂泥地隔开，相互来往要绕道行，很不方便，于是孩子们自发地决定修一条路将南院与胜因院连接起来，方便群众。那时已经有了团小组，身体不好的吴清可坚持到底，还受到了团小组的表扬。

随着这批孩子的成长，悠悠老清华的遥远岁月也在隆隆的解放战争的炮火中画上了句号，从此留于历史，也留于经历者——师生与孩子们不尽相同，又常常重合的记忆地图里。就让我们用李岫和浦汉明写就的两段深情文字来结束全书罢。这段笔底风物与光阴所勾勒出的老清华的人文地图，大约也是所有曾在那"红瓦高楼翠柏里"生活过的人们的共同心声：

> 清华园给我的最初印象就像一个远离喧嚣的山庄。绿树、草坪、蜿蜒的小溪，掩映在绿阴中的住宅，寂静而荒凉。然而我一下就喜欢上这里了。清华的五年是我们父女最值得回忆的一页。我除上学外，觉得清华园充满了乐趣：河边草丛中偶然拾到鸭蛋的快乐，阳光明媚的春天到气象台顶上登高望远或去灰楼听琴练琴，雪后初晴的日子到荒岛去捉迷藏。岛上的小溪即使在冬天也不冻结，溪水清澈寒冷，翠绿的西洋菜像荇藻般在水中摇摆，小鱼自由自在地漫游。偶尔在雪地上会看到"怪兽"的足迹，一边是人脚，一边是圆圆的，我们几个小孩便跟踪追击，一追追到潘光旦先生家，原来是潘先生雪后散步，那圆圆的便是他的拐杖……春夏秋冬在不知不觉中过去，清华园的每一个角落都有我童年的足迹，就是在成年以后，每当看到紫色的藤萝开放和充满青味的野蔓植物时，都能想起在清华吃藤萝饼的日子和荒岛的趣事……（李岫）

　　清华园各处都向我们敞开着怀抱。荷花池，夏天可坐在池畔草丛中看蜻蜓、看荷花，冬天可以溜冰。气象台前，可以采野菜，爬到桑树上边看小说边吃桑葚，直吃到嘴唇乌紫。奶牛场，夏夜可躺在草垛上，仰望星空，和大学生、场里老师一起讲故事、神聊。大图书馆，阅览室那一排排书架对我们孩子也是开放的，不知多少课余、假日，沉浸在书海里，接受着知识的洗礼，忘却了身外的一切，直到闭馆的铃声把自己唤醒。大饭厅、操场、礼堂的集会，也不拒绝我们参加，大学生不因我们年幼而轻看我们，和我们成了朋友，他们关注的焦点也成了我们认真讨论的话题。不分男女老幼，一视同仁，人的天性自由发展，这或许是清华特有的传统吧。我们成长在这样的环境中，真是得益匪浅啊！（浦汉明）

清华大学朱自清像